懷感的淨土思想

廖明活 著

臺灣商務印書館

前言

以專修往生阿彌陀佛之西方極樂世界的行業爲宗旨的中國淨土教門，自南北朝時代形成，經曇鸞（四七六～約五四二）、道綽（五六二～六四五）、善導（六一三～六八一）諸大師弘揚，在唐朝初葉教勢日益隆盛。善導有弟子懷感，長於義學；其代表作品《釋淨土群疑論》，通過答辯時人對淨土教學的各種質疑，爲淨土教門所牽涉諸觀念和行法，提供全面解說，爲早期中國淨土系著作最具理趣的一種。懷感作爲善導的門生，基本上承襲了先師的觀點；然而由於他在義學方面的深厚背景和興趣，加上受到當時流行的法相教學影響，以致每引入教門外的觀念，來解說教門內的課題，從而在不知不覺間，在一些重要關節，違離了先師的取向。這點正是懷感的淨土思想最耐人尋味的地方。

對懷感的研究，當代日本學者如村上眞瑞、西本照眞、金子寬哉等，作出可觀貢獻；然而在中國本土，懷感並沒有受到應得的重視。筆者於三年前開始對懷感發生興趣，並在一些佛學期刊和哲學期刊，發表了部分研究成果。[1]現今把它們結集，加入未發表部分，合爲首尾一貫的一卷，向四方碩學乞正。又研究計劃得到香港大學的研究基金贊助、以及屈大成博士幫助搜尋資料、打字、校對、編撰索引等，謹此鳴謝。

1 筆者已發表以懷感爲主題的論文有以下三種：

㈠〈懷感的生平和佛身、佛土思想〉，《中國文哲研究集刊》第二一期（二〇〇二年）

㈡〈懷感的往生論〉，《中華佛學學報》第一五期（二〇〇二年）

㈢〈淨土宗和三階宗的對論——從懷感談起〉，《華林》第二卷（二〇〇二年）

它們分別大致相當於本書的第一和第二章、第三章、第六章第二節。

目次

前言……001
第一章　懷感的生平和其淨土思想的背景
第一節　懷感的生平……001
第二節　懷感的淨土思想的背景……009
第二章　阿彌陀佛的身位和極樂佛土的品類
第一節　問題出現的背景……017
第二節　佛身佛土的類別……023
第三節　極樂世界的品類……029
第四節　極樂世界的穢淨和三界攝不攝的問題……036
第三章　往生極樂世界的利益、過程和意義

第一節　往生極樂世界的利益……047
第二節　往生極樂世界的過程……060
第三節　極樂世界眾生的存在狀態……080
第四節　往生說評難的辯解……092

第四章　往生極樂世界的法門：念佛和念佛三昧

第一節　往生極樂世界的法門……099
第二節　念佛法門……105
第三節　臨終念佛……119
第四節　念佛三昧……125
第五節　念佛和別時意趣……143

第五章　往生極樂世界的眾生

第一節　凡夫往生……151
第二節　極惡往生……158
第三節　九品往生者的證道階位……172

第六章　對異宗教說的批判——彌勒信仰和三階教
第一節　彌陀信仰跟彌勒信仰的判別……179
第二節　跟三階教的對論……200
總　結……233
參考書目……241
索　引……001

第一章　懷感的生平和其淨土思想的背景

第一節　懷感的生平

懷感生平事蹟現在可知者不多。現存懷感傳記最早見於《往生西方淨土瑞應刪傳》（以下簡稱《瑞應刪傳》）。此傳分四十八項，集錄自東晉慧遠（三三四～四一六）至唐朝中葉願生極樂淨土之僧俗五十餘人的行事，爲現存最早的淨土教門史傳書[1]。其第十七項記懷感的生平經歷如下：

感法師居長安千福寺，博通經典，不信念佛，問善導和尚曰：「念佛之事如何門？」答曰：「君

1 依書首序文所記，本書爲文諗、少康（八〇五卒）所集成，要爲中唐時期著作。惟書內記及大行禪師的行事，而大行禪師爲唐朝末葉僖宗（八七四～八八八在位）時代人，非少康所及見。又《續藏經》版本後題「吳越國水心禪院住持興福資利大師賜紫道詵敬造撰」，依此本書當爲五代時期作品。一說文諗、少康合撰《西方瑞應傳》，經過道詵刪削增補，成爲今日所見的《瑞應刪傳》。參閱慈怡（主編）：《佛光大辭典》（高雄：佛光出版社，一九八八年），頁四六九一上～中。

能專念佛，當自有證。」又問：「頗見佛否？」師曰：「佛語何可疑哉？」遂三七日入道場，未有其應，自恨罪深，故絕食畢命，師止而不許。三年專志，遂得見佛金色玉毫，證得三昧，乃自造《往生決疑論》七卷。臨終佛迎，合掌西來，或向西卒。[2]

根據以上記載：

一、懷感居於長安（今陝西省西安市）的千福寺。[3]

二、懷感博通經典，對淨土教門所宣揚之念佛法門，抱懷疑態度。

三、懷感向善導求教念佛之事。善導勸勉他親自躬行，必如佛經所言，有所證驗。

四、懷感念佛三個七日，仍然未見瑞應，惱恨自己罪障深重，想絕食自盡，爲善導制止。

---

2 《大正藏》卷五一，頁一〇六上。

3 千福寺原爲章懷太子李賢（六五二～六八四）的邸宅，咸亨四年（六七三）寄捨爲寺院。懷感入住千福寺，當以此年爲上限。千福寺於玄宗（七一二～七五六在位）時由於得到李賢子孫外護，寺運興隆，著名的法華行者楚金（六九八～七五九）和其弟子飛錫曾在那裏駐錫。飛錫初時學習律儀，後跟隨楚金修習天台法門，並曾參與密教大師不空（七〇五～七七四）的譯事。其現存作品《念佛三昧寶王論》，宣揚念佛往生之淨土法門，裏面提及懷感的《群疑論》（見本章後註一六引文），反映自懷感時代開始，千福寺有傳習淨土法門的傳統。有關千福寺的歷史，參閱小野勝年：《中國隋唐長安・寺院史料集成：解說篇》（京都：法藏館，一九八九年），頁一六三～一六五。

五、其後三年，懷感專心念佛，終得見阿彌陀佛的金身相和眉間玉毫相，[4]證得念佛三昧。

六、懷感根據感悟所得，做《往生決疑論》七卷。

七、懷感臨終覩見阿彌陀佛迎接他進入西方極樂世界，面向西方辭世。

繼《瑞應刪傳》所出另一早期懷感傳記，見於北宋初年贊寧（九一九～一〇〇一）編撰的《宋高僧傳》。《宋高僧傳》分「義解」、「習禪」、「明律」等十科，集錄由唐朝初年至宋朝初年之高僧傳記，而它把懷感傳歸入「義解」一科，可見懷感是以擅長解說義理見稱。傳文記載如下：

> 釋懷感，不知何許人也。秉持強悍，精苦從師，義不入神，未以爲得。四方同好就霧市焉，唯不信念佛少時逕生安養。疑冰未泮，遂謁善導，用決猶豫。導曰：「子傳教度人，爲信後講？爲渺茫無詣？」感曰：「諸佛誠言，不信不講。」導曰：「若如所見，令念佛往生，豈是魔說耶？子若信之，至心念佛，當有證驗。」乃入道場，三七日不覩靈瑞。感自恨罪障深，欲絕食畢命，導不許。遂令精虔三年念佛，後忽感靈瑞，見金色玉毫，便證念佛三昧。悲恨宿垢業重，妄搆眾愆，懺悔發露，乃述《決疑論》七卷。即《群疑論》是也。臨終果有化佛來迎，合掌面

---

4 這是所有佛陀都具有的三十二種好相中的兩種。據佛經記載，佛陀身體各部分悉爲眞金色，兩眉之間有皓白光潤如玉的毫毛。

西而往矣。[5]

這傳記的內容跟《瑞應刪傳》大體相若，祇是篇幅略長，包括以下不見於前傳的細節：

一、懷感精勤好學，不滿足於表面知解，更求內心契悟，對所秉持的眞理，捍衛不遺餘力。

二、懷感謁見善導時，善導提醒他對佛經所記佛陀的說話當存信心。

三、懷感是懷著懺悔心情編撰《決疑論》。

四、《決疑論》亦名《群疑論》。

又宋朝及其後的佛教史傳，例如南宋志磐的《佛祖統紀》、明朝袾宏（一五三五～一六一五）的《往生集》，清朝彭紹升（一七四〇～一七九六）的《淨土聖賢錄》等，均立懷感傳；惟其內容不出上述兩種傳記之外，今不贅引。

除了佛教史傳外，《釋淨土群疑論》的序文和中國、日本諸古經錄，也提供一些有關懷感的消息。《釋淨土群疑論》的序文是由懷感的晚輩孟銑所作。[6]文內述及懷感的學行和歸向淨土教的過程：

---

5 卷六，《大正藏》卷五〇，頁七三八下。

6 《釋淨土群疑論》經由懷感同門懷惲編修成書。序文談到懷惲編成本書後，「以平昌孟銑，早修淨業，憑爲序引」（《大正藏》卷四七，頁三〇下），顯示孟銑是受懷惲所託，寫成本序。如是序文所提供的懷感生平資料，源出甚早，最爲可信。

法師以本無今有，既生則逝，信力堅正，戒品精嚴。姤路之文，既弘宣而走譽；毘尼之旨，乃演暢以馳聲。雖善說而不窮，恐有言之爲累；思練神以息際，佇依定而保光；捨義學共遺蹤，遂誠求而取證。霜懷特發，冰踐孤超，功由理諧，機與神會，歛容赴寂，乃覲安養。……眾所知識，俗共歸仰。[7]

從這段話，可知：

一、懷感對無常的道理有深切體會，信心堅定，嚴於守戒。

二、懷感原來長於義學，宣弘經（姤路）律（毘尼）不遺餘力。

三、懷感有感於言教爲負累，從而放棄舊學，終而歸宗淨土。其學行專精，受到時人尊仰。

序文繼而說述本書的成書經過，提到淨土教說備受多方責難，懷感竭力護法，其立論廣受推重。懷感把它們編次成書，事未畢而去世，由同門懷惲（六四〇～七〇一）代爲完成。由此可見懷感的知交中包括懷惲。懷惲生平見〈大唐實際寺故寺主懷惲奉勑贈隆闡大法師銘〉，[8]內記唐高宗在總章元年（六六八）求天下賢能，欲任命懷惲爲官；懷惲志求出家請辭，帝遂敕令他於長安西明寺落髮。其

---

[7] 《大正藏》卷四七，頁三〇中。

[8] 銘文收入王昶（一七二五～一八〇七）：《金石萃編》（臺北：國風出版社，一九六四年），第二冊，頁一五〇六～一五〇九。

後懷惲師事善導十餘年；善導入寂後，懷惲為先師造塔，稱崇寧塔，並在其旁建寺。武后永昌元年（六八九），懷惲奉敕出任長安實際寺寺主。懷惲講說《阿彌陀經》、《觀無量壽經》諸淨土系經典數十遍，於寺內設淨土堂，鼓勵信眾修淨土業。懷惲入寂後，武后賜號「隆闡大法師」。懷惲跟善導關係親密，又受帝室器重，地位顯赫；從他請纓替懷感完成《釋淨土群疑論》，可推知懷感頗負時望。又懷惲從學善導，當在六六八年（懷惲剃度年）至六八一年（善導卒年）之間，懷感跟懷惲相交，應是在這段時期開始。又現存懷感傳記沒有述及懷感的生卒年，觀懷感卒於懷惲前，而懷惲的卒年為七〇一，如是懷感的卒年當在七〇一前。就此值得注意的是孟詵談到懷惲跟懷感關係之密切，有「閈歲易掩」一語，[9]似乎表示懷感和懷惲是間（「閈」有間隙的意思）年辭世；如是懷感的卒年當為六九九。[10]

在現存唐代佛典目錄中，《大周刊定眾經目錄》、《大唐貞元續開元釋教錄》和《貞元新定釋教目錄》都出現懷感這名號。《大周刊定眾經目錄》於六九五年成書，書末記錄參與編撰僧人名字，當

9 《大正藏》卷四七，頁三〇下。

10 有論者以「外」「亥」音近，認為「閈」即「閡」，「閡歲」當指「亥歲」，從而推論出懷感的卒年為六九九。參閱成田寬哉：〈懷感の傳記について——特に歿年を中心として〉，《佛教論叢》第一二號（一九六八年），頁一六五～一六六。有關懷惲生平，參閱塚本善隆：《塚本善隆著作集、第四卷：中國淨土教史研究》（東京：大東出版社，一九七六年），頁一七九～一八〇、二九三～二九四。

中包括懷感。[11]懷感長於義學，又具名望，從《釋淨土群疑論》廣引經論，申明淨土教理，可見他歸宗淨土教門後並沒有放棄經典知識。[12]他曾參加編修官方經錄，是完全可能的事。《大唐貞元續開元釋教錄》於七九五年編成，內收不空（七〇五～七七四）奏請代宗（七六二～七七九在位）重譯《仁王經》，文內提及擬邀請懷感等僧人協助。[13]同書又收懷感等答謝代宗恩命開講《仁王經》之文。[14]《貞元新定釋教目錄》於七九九年奉敕編集，內記分擔《仁王經》重譯工作眾僧名字，提到「大安國寺兼西明寺上座沙門懷感證義」。[15]唯《仁王經》重譯於七六五年，下距懷感卒年逾半個世紀。因此後面兩部經錄所提及的懷感，當是同名異人。

懷感的論著現存僅有《釋淨土群疑論》一種，或稱《往生決疑論》，或簡稱爲《群疑論》、《決疑論》。此書以問答形式，分七卷一百餘章，對淨土教學的主要理念和修行方法，做出全面解說，以消解時人對淨土法門的各種誤解，是早期中國淨土系著作中篇幅最長、內容最全面、系統最清晰的一

---

11 見卷一六，《大正藏》卷五五，頁四七五中。

12 關於《釋淨土群疑論》引用經論，參閱金子寬哉：〈釋淨土群疑論の引用經論文について〉，《印度學佛教學研究》第二四卷第一期（一九七五年）；〈群疑論引用經論文の檢討〉，《佛教論叢》第二一號（一九七七年）。

13 見卷上，《大正藏》卷五五，頁七五一中。

14 同上註，頁七五二中。

15 卷一五，《大正藏》卷五五，頁八八四下。

種。此外，飛錫《念佛三昧寶王論》提到「感法師《釋群疑論》、《往生傳》」，[16]可見懷感的著作還包括《往生傳》；而顧名思義，這當是一本傳記書，記載往生僧人的行事。又在日本佛典目錄中，圓仁（七九四～八六四）的《入唐新求聖教目錄》列出《阿彌陀經疏》一卷，後題「沙門懷感述」；[17]永超（一〇一四～一〇九五）的《東域傳燈目錄》列出《觀無量壽經》疏並玄義各一卷，後題「懷感師」；[18]可見懷感亦有爲淨土系典籍造註；[19]可惜這些著作都已經亡佚。

16 見卷中，《大正藏》卷四七，頁一四一上。有關飛錫的年代和他跟懷感的關係，參閱本節註3。

17 《大正藏》卷五五，頁一〇八三中。

18 《大正藏》卷五五，頁一一五一上。

19 圓仁、永超所提及的懷感，亦有可能是活躍於唐代宗時期那懷感，不過現存資料沒有顯示那懷感跟淨土教學有任何關係。

第二節　懷感的淨土思想的背景

要探討懷感的淨土教學，先要對淨土教學的基本觀念和形成過程有點認識。

淨土教學是以往生阿彌陀佛的極樂世界爲旨歸。阿彌陀佛爲見於大乘佛典眾多的佛之一。「阿彌陀」是梵語字 Amitāyus 和 Amitābha 的共通音譯，意思分別是「無量壽」和「無量光」。印度佛典提及阿彌陀佛的爲數不少，其中論述最詳、影響最大的，要爲所謂「淨土三部經」：《無量壽經》、《阿彌陀經》、《觀無量壽經》；常途分別簡稱爲《大經》、《小經》、《觀經》。又有一些論書，例如《十住毘婆沙論》、《往生論》等，當中出現一些有關阿彌陀佛信仰的觀念，也是值得注意。

根據《大經》記載，在過去無量世有菩薩名爲法藏，他在世自在王佛面前，許下四十八個願，關乎他成佛後證得的佛身、居住的國土、這國土的眾生、眾生往生這國土的方法等；誓言要是這些願望不成就，便不取正覺。及後他經過漫長時期修行，累積無量功德，於十劫前成佛，名爲無量壽。無量壽佛的壽命無限量，光明無限量；其所在世界名爲「安樂」，位於西方，環境光淨微妙，萬物皆爲珍寶造成，發出奇妙香氣。這世界的聲聞和菩薩無量無數，以觀世音、大勢至兩位大菩薩爲上首。這世界沒有地獄、餓鬼、畜生三種惡趣，所有人和天都是壽命無量，具足三十二種大人相和天眼、天耳、識宿命、他心智等神通力，並且在眞理道上永不退轉，必定得證涅槃。經文把往生極樂世界的眾生分爲「三輩」：「上輩」捨家棄欲，「中輩」在俗修善，「下輩」不作功德；在談到下輩眾生時，說：

> 其下輩者，十方世界諸天人民，其有至心欲生彼國，假使不能作諸功德，當發無上菩提之心，一向專意，乃至十念，念無量壽佛，願生其國。若聞深法歡喜信樂，不生疑惑，乃至一念念於彼佛，以至誠心願生其國。此人臨終夢見彼佛，亦得往生。[1]

又在法藏菩薩所許四十八願中，其第十八願說：

> 設我得佛，十方眾生至心信樂，欲生我國，乃至十念，若不生者，不取正覺。唯除五逆、誹謗正法。[2]

依以上兩節話看，除了犯五逆和誹謗佛法的重罪者外，[3]其他所有眾生，包括不造功德者在內，只要臨終發起無上菩提心，一心專念無量壽佛，誠心願生其國土，如是十念，由於無量壽佛的願望的保證，均可以在來生往生極樂世界。這樣一來，傳統佛教盛言的各種出家和在家信眾的行事，並非往

---

1 卷下，《大正藏》卷一二，頁二七二下。
2 卷上，《大正藏》卷一二，頁二六八上。
3 「五逆」指五種極逆正理的重罪，要爲殺父、殺母、殺阿羅漢、使佛身出血、破壞僧團團結。

生極樂世界的必須條件；堅決追求覺悟的心志、以及誠心思念無量壽佛和其國土，方爲往生的要門。《觀經》進一步細分往生的眾生爲九品：上品上生、上品中生、上品下生、中品上生、中品中生、中品下生、下品上生、下品中生、下品下生。對於最下劣的「下品下生」往生者，有以下一節著名的話：

下品下生者，或有眾生作不善業，五逆十惡，具諸不善。如此愚人，以惡業故，應墮惡道，經歷多劫，受苦無窮。如此愚人臨命終時，遇善知識，種種安慰，爲說妙法，教令念佛。彼人苦逼，不遑念佛，善友告言：「汝若不能念彼佛者，應稱歸命無量壽佛。」如是至心，令聲不絕，具足十念，稱南無阿彌陀佛。稱佛名故，於念念中除八十億劫生死之罪。命終之時，見金蓮花猶如日輪，住其人前。如一念頃，即得往生極樂世界。[4]

《大經》肯認不作功德者可以往生，《觀經》這裏進而表示造「五逆十惡」重罪的下品下生人亦可得往生；[5]《大經》以憶念阿彌陀佛爲往生的條件，《觀經》這裏進而表示要是不能專心憶念阿彌陀佛，可以稱唱其名號；十次稱名便得往生。《觀經》這些說法，進一步突出阿彌陀佛信仰的包容性和平易性。

---

4 《大正藏》卷一二，頁三四六上。

5 「五逆」見本節註3。「十惡」即殺生、偷盜、邪淫、妄語、兩舌、惡口、綺語、貪欲、瞋恚、邪見。

中國崇奉阿彌陀佛風氣，是在東晉時代，隨著《大經》和其異譯本日益流行，而開始形成。當時顯赫一時的高僧慧遠（三三四～四一六），跟劉遺民等一百二十三人，在廬山（位於今江西省九江市）般若臺精舍阿彌陀佛像前起誓，共期往生西方樂土。又當時座眾唱和，編成《念佛三昧詩集》，由慧遠造序，內有「又諸三昧，其名甚眾：功高易進，念佛為先」等話語。[6]這是我國結社念佛、求生極樂的風習的濫觴，對後世有很大感召作用。其後經南北朝時代的曇鸞、隋唐之際的道綽、初唐的善導大力鼓吹，在中國形成了以阿彌陀佛信仰為中心的教統，後人名之為「淨土宗」。

在南北朝末年，佛教先後經歷北魏武帝（四二三～四五二在位）和北周武帝（五六〇～五七八在位）時代的法難，加上戰亂頻仍，「末法」之說流行。當時不少佛教徒認為佛法消滅之時候已經來臨，眾生根器卑劣，多造惡業，傳統佛教教說再沒有效力，應當配合現前特殊環境，開示特殊法門。淨土宗援用《十住毘婆沙論》所提出的「難」、「易」兩道的界別，極力強調傳統佛教講求靠自己努力的那套修行方法，在當今腐敗世代，再「難」以實行，應代以念佛的簡「易」法門，叫眾生通過念阿彌陀佛，得有其門而入。又為了突出念佛的簡易，淨土宗鼓吹稱唱佛名。善導便有「稱名正業」的說法。善導把往生的行因分為正、雜兩種，以傳統佛教勸人修習的善行為「雜行」，以以下舉出的五種崇仰阿彌陀佛的行為為「正行」：

---

6 這序文收入道宣（五九六～六六七）：《廣弘明集》卷三〇，《大正藏》卷五二，頁三五一中。

一、一心讀誦淨土三部經。

二、一心思念觀察阿彌陀佛國土之莊嚴。

三、一心尊禮阿彌陀佛。

四、一心口稱阿彌陀佛名。

五、一心讚嘆供養阿彌陀佛。

善導進一步把正行區別爲「正業」、「助業」兩類，表示一、二、三、四這四種行爲皆是助業，唯獨口稱阿彌陀佛名號這一行爲爲正業，最爲本要。蓋心念須要集中精神，非愚頑者所能爲；口念則明易簡捷，雖童蒙亦能踐行。淨土宗注重口業，對阿彌陀信仰的普及化，有很大推動作用。

至於念佛所以能產生往生的效力，淨土宗認爲主要並非來自念佛行爲「自」身，而是源於阿彌陀佛「本」來許下的「願」的「他」力，這便是著名的「他力本願」說法。曇鸞引述本節註2所出《大經》之第十八願爲證明，指出既然阿彌陀佛在未成正覺時，許下這「十念往生」願望，表示要是這願望不成就，他就不成佛，而他現時已經成佛，這便保證修行人十念便可往生極樂世界。曇鸞強調自力、他力的對比，說：

如人畏三塗，故受持禁戒；受持禁戒，故能修禪定；以禪定故修習神通；以神通故能遊四天下。如是等名爲「自力」。又如劣夫跨驢不上，從轉輪王行，便乘虛空，遊四天下，無所障礙。如是等名爲「他力」。愚哉後之學者，聞他力可乘，當生信心，勿自局分也。[7]

道綽鋪述其意云：

諸大乘經所辨一切行法，皆有自力他力、自攝他攝。何者自力？譬如有人怖畏生死，發心出家，修定發通，遊四天下，名爲「自力」。何者他力？如有劣夫，以己身力擲驢不上，若從輪王，即便乘空，遊四天下。即輪王威力，故名「他力」。眾生亦爾，在此起心立行，願生淨土，此是自力；臨命終時，阿彌陀如來光臺迎接，遂得往生，即爲他力。……若不如是，四十八願便是徒設。語後學者，既有他力可乘，不得自局己分，徒在火宅也。[8]

綜括這兩節話之大意，大乘修行法包括「自力」和「他力」兩門。由怖畏生死，發心出家，持戒習禪，發大神通，至而得解脫，這是「自力」門，並非根器卑劣者所能爲。根器卑劣者的唯一出路，是信靠阿彌陀佛；就如沒有力氣騎驢的人，攀附轉輪王的聖輪，可以遨遊天下。[9]這是「他力」門。兩節話

---

7 《往生論註》卷下，《大正藏》卷四〇，頁八八四上。

8 《安樂集》卷上，《大正藏》卷四七，頁一二中~下。

9 轉輪王爲佛教的理想君主，以佛法治國，叫人民和樂，社會豐饒。他即位時感得寶輪，轉此輪寶，降伏四方，故稱「轉輪王」。

都勸戒當今末法時代的佛子，當自量力；既聞知有阿彌陀佛的願力可以依靠，便當生信心；不然徒費力氣，長受輪迴之苦。

還有値得注意，《大經》的第十八願有「唯除五逆、誹謗正法」的話，好像是要顯示造五逆、謗法這些重罪的極惡眾生，並非在阿彌陀佛之願力的解救範圍之內；這跟《觀經》說犯五逆罪的下品下生眾生可以通過十念稱名而得以往生，似乎互相矛盾。善導提出「未造」「已造」的界別，解說兩經的歧異，力言甚至兼造五逆、謗法兩種重罪的眾生，亦可以往生：

> 問曰：如四十八願中，唯除五逆、誹謗正法，不得往生。今此《觀經》下品下生中簡謗法、攝五逆者，有何意也？
>
> 答曰：此義仰就抑止門中解。如四十八願中除謗法、五逆者，然此之二業其障極重，眾生若造，直入阿鼻，歷劫周慞，無由可出。但如來恐其造斯二過，方便止言不得往生，亦不是不攝也。又下品下生中取五逆、除謗法者，其五逆已做，不可捨令流轉，還發大悲，攝取往生。然謗法之罪未爲，又止言若起謗法即不得生。此就未造業而解也，若造還攝得生。10

佛陀有見於五逆、謗法之行爲罪障深重，恐怕有情犯這兩種過失，遂在《大經》稱言造五逆、謗法罪者

---

10 《觀無量壽佛經疏》卷四，《大正藏》卷三七，頁二七七上～中。

不得往生，使「未造」這兩類罪行的人知所警惕。至於佛陀在《觀經》說犯五逆罪者可以往生，而沒有提到謗法者，這是因爲那時的學眾「已做」五逆，而還「未爲」謗法。根據善導的觀點，佛陀是對應未造重罪的人，方便說言造重罪者不能往生；其實阿彌陀佛的大悲願力無遠弗屆，無論未造或已造重罪，無論所造重罪是何等嚴重，祇要臨終一心稱念阿彌陀佛，都必被迎接進入極樂淨土。善導這「不擇善惡、普攝眾機」的信念，是淨土教門救拯精神發展的極致。

善導以口稱佛名爲往生的正業，主張極惡眾生可以往生，把淨土教學的平易和包容的特點，推展至巔峰，因此廣受後人推崇。宋代以來出現的各淨土宗祖統說法，大都推尊他爲淨土宗的第二祖，爲初祖廬山慧遠以後淨土教統的最重要人物。懷感作爲善導的門生，基本上承襲了先師的立場；然而由於他在義學方面的深厚背景和興趣，加上受到當時流行的法相教學影響，以至每引入宗外的觀念，來解說宗內的課題，從而在不知不覺間，在一些重要關節上，違離了先師的觀點。

第二章　阿彌陀佛的身位和極樂佛土的品類

第一節　問題出現的背景

阿彌陀佛的身位和極樂佛土的品類，是中國淨土教學裏廣受關注的課題。對於佛的身位，不同印度佛典有不同分析；而早期中國淨土系諸師在討論上述課題時，多採用法、報、化三種佛身這流行的界別。所謂「法身」，是指諸佛共同證得的眞淨法界、眞如實體。這佛身是理智不二，常住不滅，無所不在，完全無漏，無特殊形相，無特殊處所，乃是後二種佛身之所依。所謂「報身」，是指酬報諸佛爲菩薩時所修因行而形成之佛身，也是諸佛向菩薩弘闡大乘法時所報現之身。報身跟法身一樣，是沒有煩惱，常住不變；不過跟法身不同，它具有各種特殊功德莊嚴相，居住於具足各種圓滿相的特殊處所。所謂「化身」，是指佛爲了誘導輪迴界眾生，叫他們歸依佛法，從而示現之佛身。哪個有情要由哪種化身、在哪一世界度化，佛便示現那種化身、出現在那一世界，向他演說佛理。因此化身可以有天、人、甚或龍、夜叉等不同形貌，並且跟這些眾生一樣，有生滅相、病苦相等。祇是這些形相都不是業力感引所生起，而是佛依其慈悲願力方便變化出來。

阿彌陀佛既然有「無量光」等色相，又以西方極樂世界為處所，因此普遍公認他不是法身佛。不過阿彌陀佛是報身佛，抑或是化身佛，則自南北朝以來，中國佛教界裏存在著各種不同意見。一些論者引述《觀音授記經》的說法，指出既然經內說阿彌陀佛涅槃後，觀世音和大勢至在極樂世界相繼成佛，[1]由是可見阿彌陀佛雖然名為「無量壽」，其實壽命還是有限量。他們又指出《鼓音聲經》提及阿彌陀佛「父名月上轉輪聖王，其母名曰殊勝妙顏」，[2]可見阿彌陀佛有父母，是由人體所生。以此為據，他們主張阿彌陀佛為跟釋迦佛無異，性是無常，有生住異滅，屬法、報、化三種佛身中層次最低的化身。由是它所居的極樂世界，乃是化身土，為層次最低的一種佛土。[3]

上述阿彌陀佛為化身佛、極樂世界為化身土的說法，早期淨土系諸師視之為對淨土教門的貶抑，大力加以駁斥。道綽便根據《大乘同性經》對法、報、化三種佛身的分別的解說，力主阿彌陀佛為報身佛：

> 現在彌陀是報佛，……今依《大乘同性經》辨定報化淨穢者，經云：淨土中成佛者悉是報身，

---

1 參見《大正藏》卷一二，頁三五七上～中。

2 參見《大正藏》卷一二，頁三五二中。

3 例如被今人尊稱為「隋代三大法師」的地論師淨影慧遠（五二三～五九二）、三論學統的吉藏（五四九～六二三）、天台學統的智顗（五三八～五九七），便都有類似看法。

穢土中成佛者悉是化身。彼經云：阿彌陀如來、蓮華開敷星王如來、龍主王如來、寶德如來等諸如來，清淨佛剎現得道者、當得道者，如是一切皆是報身佛也。……何者如來法身？如來眞法身者，無色無形，無現無著，不可見，無言無說，無住處，無生無滅，是名眞法身義也。[4]

根據《大乘同性經》，法身佛無形無色，沒有住處；報身佛之住處爲清淨；化身佛的住處爲污穢。今阿彌陀佛以清淨的極樂世界爲住處，而《大乘同性經》談到以清淨佛土爲住處的眾佛時，又提及阿彌陀，可見阿彌陀佛乃是報身佛。善導還約「報」字的字義，證明阿彌陀佛爲報身佛：

又《無量壽經》云：法藏比丘在世饒王佛所行菩薩道時，發四十八願，一一願言：「若我得佛，十方眾生稱我名號，願生我國，下至十念，若不生者，不取正覺。」今既成佛，即是酬因之身也。……凡言「報」者，因行不虛，定招來果，以果應因，故名爲報。[5]

「報」有「以果應因」之意。阿彌陀爲酬「應」法藏菩薩行菩薩道、發四十八願之「因」，從而成就的佛「果」，故當得「報」之名。至於報身佛既然爲常住，何以《觀音授記經》卻說阿彌陀佛入涅槃，

---

4 《安樂集》卷上，《大正藏》卷四七，頁五下。《大乘同性經》原文見卷下，《大正藏》卷一六，頁六五一中～下。

5 《觀無量壽佛經疏》卷一，《大正藏》卷三七，頁二五〇中。

道綽的解釋是：

此是報身，示現隱沒相，非滅度也。彼經云阿彌陀佛入涅槃後，復有深厚善根眾生，還見如故，即其證也。[6]又《寶性論》云報身有五種相：說法及可見、諸業不休息及休息隱沒、示現不實體，即其證也。[7]

《寶性論》談及報身佛時，舉出其五種相，其中有「休息隱沒」一相；這顯示報身佛有時會因應環境，而「示現隱沒」。《觀音授記經》所謂阿彌陀佛「涅槃」，無非是「示現隱沒」，並非表示阿彌陀佛就此消失。這點從經文繼而提到在阿彌陀佛涅槃後，善根深厚的眾生仍然經常見到他，便可以看出來。

對於《鼓音經》提到阿彌陀佛的父母，道綽有如下回應：

然阿彌陀佛亦具三身，極樂出現者即是報身。今言有父母者，是穢土中示現化身父母也。亦如釋迦如來淨土中成其報佛，應來此方，示有父母，成其化佛。阿彌陀佛亦復如是。[8]

---

6 參見《大正藏》卷一二，頁三五七上。

7 《安樂集》卷上，《大正藏》卷四七，頁六上。《寶性論》之說見卷四〈身轉清淨成菩提品〉第八，《大正藏》卷三一，頁八四三上。

8 同上註。

從這節話，可見道綽認爲所有佛都具有三身。在阿彌陀佛的情況裡，那示現於污穢的輪迴界、爲父母所生者，爲其化身。至於那示現於清淨的極樂世界、爲淨土教門所崇奉者，乃是阿彌陀佛的報身。

由主張阿彌陀佛爲報身佛，道綽進而主張阿彌陀佛的極樂世界爲報佛土。依道綽所見，在佛的三種身中，法身沒有住處，因此沒有「土」。其他報、化兩種有住處的佛身之「土」，可大別爲三種：

又汎明佛土，對機感不同，有其三種差別：
一者從眞垂報，名爲「報土」。猶如日光照四天下，法身如日，報、化如光。
二者無而忽有，名之爲「化」。即如《四分律》云：錠光如來化提婆城與拔提城，相近共爲親婚往來。後時忽然化火燒卻，令諸眾生覩此無常，莫不生厭，歸向佛道也。……[9]
三者隱穢顯淨，如《維摩經》佛以足指按地，三千剎土莫不嚴淨。[10]
今此無量壽國即是從眞垂報國也。[11]

依這節話之意，佛土有三種：

---

9 參見卷三一〈受戒揵度之一〉，《大正藏》卷二二，頁七八三上。
10 參見卷上〈佛國品〉第一，《大正藏》卷一四，頁五三八下。
11 《安樂集》卷上，《大正藏》卷四七，頁六中。

一、從眞垂報土：這是佛的眞法身所直接垂示，由修佛因而報得，如日光完全清淨，名爲「報土」。

二、無而忽有土：這是佛陀爲了教化眾生所變起，例如《四分律》所記那爲了使跋提城居民領悟無常道理而變化出來的大城即是。[12]

三、隱穢顯淨土：這是佛陀以神通力轉穢成淨所顯現。例如《維摩經》提及佛陀以足指按地，三千大千世界頓時嚴淨無比。

道綽強調阿彌陀佛的極樂世界，要爲第一種「從眞垂報」的完全清淨佛土。

---

12 《四分律》記定光如來爲了叫提婆跋提城的居民悟見無常道理，於城不遠地方化作一大城，其地高廣妙好，人民顏貌容色勝於本城。他又使兩地人民彼此交往，成爲親友。及後他觀察提婆跋提人民根器純熟，即使化城忽然火起，叫提婆跋提眾民起厭離生死之心。

第二節　佛身佛土的類別

《群疑論》啓篇首先處理的，便是阿彌陀佛之身位和極樂佛土之品類的問題，可見懷感對它們甚爲重視。在正式進入討論這些問題前，《群疑論》先對佛身、佛土做出分類，爲往後討論提供觀念架構。《群疑論》開章說：

> 佛有三身，土有三土。三身者，一法性身、二受用身、三變化身。土有三種者，一法性土、二受用土、三變化土。法性身居法性土，受用身居受用土，變化身居變化土。[1]

引文把佛身分爲法性身、受用身、變化身三種，相應也把佛土分爲法性土、受用土、變化土三類，做爲三種佛身所居之所。值得注意的是，上述三種佛身、三種佛土分類，屢見玄奘（約六〇二～約六六四）和窺基（六三二～六八二）的譯著。[2] 懷感加以襲用，反映出他跟玄奘、窺基所創立的法相學統的密切關係。

---

[1] 卷一，《大正藏》卷四七，頁三〇下。

[2] 例如玄奘譯：《成唯識論》卷一〇，《大正藏》卷三一，頁五七下～五八上；窺基：《大乘法苑義林章》卷七〈佛土章〉，《大正藏》卷四五，頁三六九中～三七四中。

關於法性身和法性土，懷感舉引一連串經文，顯示它們的一些主要特點。就法性身，他引述《金剛般若經》、《法界體性經》、《維摩經》的話：

如《般若》說：「彼如來妙體，即法身諸佛，法體不可見。」[3]《法界體性經》文殊師利禮云：「無色無形相，無根無住處，不生不滅故，敬禮無所觀」等。[4]《維摩經》云：「如自觀身實相，觀佛亦然」。[5]

從懷感視這三節話為法性身的形容，可見他心目中的法性身，乃是指如來深妙之本體，亦即是諸法的實相。它是無形色，無住處，不生不滅，非感官所能識見。就法性土，懷感同樣引述《金剛般若經》和《維摩經》的話，代替直接說明：

法性土者，如《般若》云：「莊嚴佛土者，即非莊嚴。」[6]又《維摩經》云：「雖知諸佛國，

---

3 《金剛般若波羅蜜經》，《大正藏》卷八，頁七五六中。

4 《法界體性經》即《大寶積經·法界無分別會》。所引文不見原經，當是其中章節撮要。參見《大寶積經》卷二六，《大正藏》卷一一，頁一四四上。

5 《群疑論》卷一，《大正藏》卷四七，頁三〇下～三一上。所引《維摩經》經文見卷下，〈見阿閦佛品〉第一二，《大正藏》卷一四，頁五五四下～五五五上。

6 《金剛般若波羅蜜經》，《大正藏》卷八，頁七四九下。

及與眾生空。」[7]又云：「諸佛國土亦復皆空。」[8]又云：「十方佛國皆如虛空。」[9]

這裏所引數節經文，都突出了法性土的虛空性，亦即無分別性。懷感進而解釋法性身和法性土的關係：

> 雖知身、土並一眞如。夫如者，不一不異，而言法性身居法性土者，此以覺照性義名身，法眞理體名土，是施設安立諦門說。[10]

懷感指出法性身和法性土其實是同一眞如實體。這實體有覺照一面，名之爲「身」，有眞實法體一面，名之爲「土」；於是方便設辭，乃謂法性身居於法性土。這並非表示有兩獨立存在的東西，其中一者以其他一者爲住處。

關於受用身和受用土，懷感依從法相學說的通習，進一步細分爲「自受用」和「他受用」兩門，並援用作爲法相教學之解脫觀之核心的「四智」觀念，做出解說。就「自受用」之佛身，懷感說：

---

7 卷中〈佛道品〉第八，《大正藏》卷一四，頁五五〇上。
8 卷中〈文殊師利問疾品〉第五，《大正藏》卷一四，頁五四四中～下。
9 《群疑論》卷一，《大正藏》卷四七，頁三二上。所引《維摩經》經文見卷下〈香積佛品〉第一九，《大正藏》卷一四，頁五五二中。
10 同上註。

以菩薩行八萬四千波羅蜜行、修習圓滿恒沙果德、自利利他四智、周圓淨五蘊等，爲自受用身體。[11]

諸佛爲菩薩時，實踐眾多度脫之行，最後修習圓滿，成就無量功德果報，這便是「自受用身」。這類佛身的五蘊完全清淨，具足大圓鏡、平等性、妙觀察、成所作這四種智，[12]能自利利他。至於「自受用」之佛土，懷感說：

即以（鏡）智上所現微細周遍廣大清淨四塵，唯佛與佛乃能知見，自受用身所依止處，爲自受用土體。[13]

---

11 同上註。

12 法相學統主張唯識，以爲一切事物，包括常途視爲外在的客體界事物，其實都是眾生的心識活動所產生的表相。根據法相學統，眾生的心識是迷染的，可界別爲阿賴耶識、末那識、意識、前五識（眼識、耳識、鼻識、舌識、身識）四重，而佛教教學的主要目的，要在教人怎樣通過修行，教其迷染的四重識，分別轉變爲清淨的大圓鏡、平等性、妙觀察、成所作四種智。又在這四智中，以大圓鏡智最根本，爲其他三種智，以及各種佛身、佛土的存在根據。

13 《群疑論》卷一，《大正藏》卷四七，頁三一上。

懷感依法相學統的唯心思想，以「自受用土」爲四智中之大圓鏡智所變現。[14]這類佛土爲由清淨的四塵構成，微妙深細，廣大無邊，只有諸佛才能知見，乃是自受用身的住處。至於「他受用」的佛身和佛土，懷感有以下形容：

他受用身、土者，爲初地以上諸大菩薩，平等性智擊發鏡智利他功德，隨其所應現一分細相，爲他受用身、土體性。[15]

他受用的佛身和佛土，是諸佛爲了教化證入初地或以上的大菩薩，[16]以其四智中的平等性智，推動大圓鏡智的利他作用，從而變現。[17]隨不同大菩薩需要的不同，所變現的佛身、佛土的形相有所不同，故說「隨其所應現」；這類佛身、佛土的形相不及自受用佛身、佛土般深細，但亦不像下述的變化佛身、佛土般粗顯，故說「一分細相」。

---

14 關於大圓鏡智跟自受用佛土的關係，參閱本節註12。

15 《群疑論》卷一，《大正藏》卷四七，頁三一上。

16 「初地」指「十地」的第一地，而十地乃是菩薩修行成佛進程的高次階位，在其下的位次自下至上，有十信、十住、十行、十迴向諸位。

17 關於大圓鏡智跟他受用佛身、佛土的關係，參閱本節註12。

關於變化身和變化土，懷感說：

> 變化身、土者，爲於地前菩薩及二乘、凡夫，以成所做智擊發鏡智利他功德，隨其所應現一分粗相，爲變化身、土體性。[18]

變化佛身和變化佛土，是諸佛爲了教化未證入初地的菩薩、小乘人和凡夫，以其四智中的成所作智，推動大圓鏡智的利他作用，從而變現。[19]隨不同菩薩、小乘人和凡夫需要的不同，所變現的佛身、佛土的形相有所不同，故說「隨其所應現」；這類佛身、佛土的形相較自受用、他受用的都要粗顯，故說「一分粗相」。

上述懷感的法性、受用、變化三種佛身、佛土分類，源出法相學統；[20]而法相學統這分類，是從傳統的法、報、化三種佛身、佛土界別演化而來，跟後者意義大致相若；主要的分別在於它把相應報身、報土的受用身、受用土進一步劃分爲自、他兩門，以突出其自報、他報兩方面作用。懷感把這劃分應用在對阿彌陀佛的身、土的分類上，從而顯示他對極樂淨土的看法，跟前輩道綽、善導有微妙不同。

---

18 《群疑論》卷一，《大正藏》卷四七，頁三一上。

19 關於大圓鏡智跟變化佛身、佛土的關係，參閱本節註12。

20 關於懷感的佛身佛土分析多取法法相學統，參閱村上眞瑞：〈《釋淨土群疑論》における佛身佛土論〉，《淨土宗學研究》第一五～一六號（一九八六年），頁一五〇～一六五。

第三節　極樂世界之品類

《群疑論》用了頗長篇幅，析述阿彌陀佛的極樂佛土的品類，卻沒有直接討論阿彌陀佛的佛身的身位。關於極樂世界當屬那一種佛土，既然極樂世界有形色相，它顯然不能是法性土。至於它是受用土還是變化土，懷感列舉了三種可能說法：

此有三釋：

一是他受用土，以佛身高六十萬億那由他恒河沙由旬，其中多有一生補處，無有衆苦，但受諸樂等，故唯是他受用土。

二言唯是變化土。有何聖教？言佛高六十萬億那由他恒河沙由旬等，即證是於他受用身土，何妨淨土變化之身高六十萬億那由他恒河沙由旬？以《觀經》等皆說為凡夫衆生往生淨土，故知是變化土。

三通二土，地前見變化土，地上見他受用土。同其一處，各隨自心所見各異，故通二土。由此經言：是阿彌陀佛非凡夫境，當作丈六觀也。[1]

1 《群疑論》卷一，《大正藏》卷四七，頁三一中。

三種說法為：

一、唯他受用土：根據《觀經》，居於極樂世界的阿彌陀佛身高六十萬億那由他恒河沙由旬。[2] 根據《小經》，居於極樂世界的眾生沒有痛苦，但有喜樂，許多更會於一生後成佛。[3] 極樂世界既然具備如此勝妙功德，故此當唯是他受用土。

二、唯變化土：《觀經》等淨土系經典都說言極樂世界為凡夫往生之所，因此它當唯是變化土。至於居於這世界那高六十萬億那由他恒河沙由旬的阿彌陀佛身，乃是對應往生那裏的眾生所示現。

三、通他受用土和變化土：《觀經》提到阿彌陀佛「或現大身滿虛空中，或現小身丈六八尺」，[4] 可以顯現各種形相。如是類推，作為阿彌陀佛國土的極樂世界，亦可以因應觀見眾生自心的不同，有不同顯現；對未進入初地階位的眾生，顯現為變化土；對初地或以上的大菩薩，顯現為自受用土。故此極樂世界當是兼通自受用和變化兩種土。

懷感平列以上三種說法，沒有對其中任何一者提出反論，似乎認為三者都可以說得通；不過從他繼而集中為第一種說法申辯，可見他傾向視極樂世界為他受用土。懷感假設問難者質疑要是極樂世界為他

2 參見《大正藏》卷一二，頁三四三中。
3 參見《大正藏》卷一二，頁三四六下、三四七中。
4 參見《大正藏》卷一二，頁三四四下。

受用土，而他受用土乃是初地或以上菩薩所證見，那麼何以淨土系經典肯認一般眾生可以往生和覩見極樂世界。懷感對此有如下回應：

計彼地前菩薩、聲聞、凡夫，未證遍滿眞如，未斷人、法二類，識心粗劣，所變淨土，不可同於地上諸大菩薩微細智心所變微妙受用淨土。然以阿彌陀佛殊勝本願增上緣力，令彼地前諸小行菩薩等，識心雖劣，依託如來本願勝力，還能同彼地上菩薩所變淨土，微妙廣大清淨莊嚴亦得見，故名生他受用土。[5]

懷感接受了法相學統的唯識思想，以眾生所觀見一切外境，爲其心識活動所產生；由是亦以眾生所往生的淨土，包括極樂世界，爲其心識所變現。[6]以上引文表示地前菩薩、聲聞、凡夫未證見眞如，未斷除人我、法我兩種執見，其心識粗劣，由是其心識變現的淨土當也是粗劣。然而依託阿彌陀佛本願之殊勝力，他們的心識所變現的淨土，亦可以跟地上菩薩所變現者一樣微妙廣大、清淨莊嚴；從而乃謂他們往生他受用土。懷感進一步解釋何以《佛地經論》等佛典說地上菩薩往生他受用土，地前菩薩

---

5 《群疑論》卷一，《大正藏》卷四七，頁三一中。

6 對於唯識的道理，《群疑論》卷六說：「案唯識之理，心外無別法，萬法萬相皆是自心。……欲觀如來一切功德，皆用自心所變影像，……」（同上註，頁六六上）

往生變化土：

> 《佛地論》等說初地以上生他受用土，地前菩薩生變化土，此據自力分判地前、地上居二土別，不據他力別願勝緣而說。……以本願力，令彼地前菩薩等生受用土，不可一向判令不生也。[7]

《佛地經論》等是從自力角度，判別地上和地前菩薩往生佛土的不同；這並不排除地前菩薩在有阿彌陀佛的他力扶持的情況下，可以往生西方極樂這他受用佛土。懷感還指出《佛地經論》已經有論及何以受用土有聲聞存在的問題，[8]解釋這情況的出現，是由於如來不可思議神力加被。把這解釋應用在聲聞往生極樂世界的問題上，聲聞得到阿彌陀佛不可思議本願力加被，得以往生極樂世界，是完全可能的事：

> 《佛地論》中亦做是問：前說淨土最極自在，淨識為相，云何會中有聲聞等，而不相違？有何相違？諸聲聞等同菩薩見。……一論師言：或復如來神力加被，令暫得見聞說妙法。此是如來不思議力，不可難以根、地、度等。……此是不可思議本願力，令亦得生，斯有何過也？[9]

---

7 同上註，頁三一中。
8 參見卷一，《大正藏》卷二六，頁二九八中~下。
9 《群疑論》卷一，《大正藏》卷四七，頁三一下。

以上懷感爲極樂世界「唯他受用土」這說法所做辯解，突出了曇鸞以來淨土教門相承的「他力本願」觀念。此外，「受用土」相當於法、報、應三種佛土中的報土，道綽、善導都主張極樂世界唯是報土，懷感認爲極樂世界唯是受用土之說，當是受到先師所影響。不過從本章第一節註5五所引善導倡說極樂世界爲報土那節話所見，善導講「報土」注重其「自報」意義，而「自報」相當於「自受用」。懷感則視極樂世界爲他受用土，並且嚴別自、他兩種受用土，表示自受用土既然名爲「自」，體性極微妙，故此並非乘願力可以達至。他又表示阿彌陀佛所許本願，是要叫眾生往生他受用土，而非自受用土：

> 自受用土名爲「自」，不可乘願令他用。……又自受用土極微妙，不可乘願而得生。……又他受用土有本願，乘其本願，凡夫得生；自受用土無本願，爲此不令菩薩見。[10]

還有，道綽、曇鸞是針對極樂世界爲化土之論，提出極樂世界爲報土之主張；懷感則將「唯變化土」（變化土相當於化土）之說跟「唯報土」之說並列，不但沒有加以駁難，還替它辯護。懷感假設問難者質疑要是極樂世界爲變化土，何以佛經記載那裏住有再過一生便可成佛那類大菩薩；然後做出回應：

> 言變化土地上菩薩生者，此有現一身，理通報、化，隨宜見者，凡聖各別何妨？下不得生上受用

---

10 同上註，頁三二下～三三上。

土，以下不能見勝妙之土，又業劣弱不得往生；上能見下，為欲接引地前凡夫，生變化土，有何妨廢？又地上菩薩生變化土者，皆是化身，亦無有過。[11]

依這段話的意思，地上菩薩雖然以他受用土為本處，但為了接引凡夫，亦會隨宜變現變化身，生於變化土中。又觀《群疑論》下文宣說極樂世界是有漏土，有苦存在等，[12]懷感顯然以為極樂世界具有變化土的一些特性，無形中接受了「通他受用土和變化土」的觀點，違離了先師道綽、善導的唯報土立場。[13]

此外還須一提，從上節闡述可見，佛土的品類跟佛的身位是相應的。懷感雖然沒有討論阿彌陀佛的身位，不過從他大體上認同阿彌陀佛土為受用土（即報佛土），可推見他基本上主張阿彌陀佛為受

---

11 同上註，頁三二一上。

12 關於極樂世界為有漏等，參閱本書第三章第三節。

13 有關懷感的阿彌陀佛身佛土理論，參閱山本佛骨：〈懷感の淨土教思想〉，《眞宗學》第五二號（一九七五年），頁一八～二〇；西本照眞：〈《釋淨土群疑論》の阿彌陀身土觀〉，《佛教文化》通卷三〇號（一九九三年）；村上眞瑞：〈《釋淨土群疑論》における阿彌陀佛の佛身佛土〉，《印度學佛教學研究》第三四卷第一號（一九八五年）；〈《釋淨土群疑論》における佛身佛土論〉，《淨土宗學研究》第一五～一六號（一九八六年）；島津現淳：〈懷感の淨土觀〉，《同朋大學論叢》第三九號（一九七八年），頁一〇三～一一四；望月信亨：《中國淨土教理史》（京都：法藏館，一九六四年第二版），頁二二九～二三四。

用身佛（即報身佛）。但另一方面，他在說明阿彌陀佛來迎時，提及法身、化身兩重佛身；[14]在論述念阿彌陀佛的方法時，提到「無相」、「有相」兩種方式，表示前者是念法身佛、後者是念報身佛和化身佛；[15]在解釋極樂世界沒有女人的現象時，提到阿彌陀佛有受用身和變化身；[16]一再透露出法、報、化三重阿彌陀佛身的構思。

---

14 參閱本書第三章第二節第二項。
15 參閱本書第四章第二節。
16 參閱本書第三章第一節。

第四節　極樂世界的穢淨和三界攝不攝的問題

道綽和善導把極樂世界類別為報佛土，特別重視其「自報」方面的意義，其目的要在突出其超勝。基於同一考慮，他們刻意表揚極樂世界為清淨無漏。例如道綽把極樂世界跟現前世界對比，力言兩者為「淨穢二境」，前者「無漏」後者「有漏」，勝劣懸殊。[1]善導稱揚阿彌陀佛「淨光明滿足」，[2]居於「安樂清淨國，常轉無垢輪」。[3]又當時不少論者以往生極樂世界的有情仍然未斷盡煩惱為理由，主張極樂世界為三界所攝。所謂「三界」，即欲界、色界、無色界，為迷染眾生輪迴之所。其中最低下的為欲界，乃是具有情欲的眾生所居的世界，為包括下至地獄界的有情、上至六欲天這些低級天神的住處。其次是色界，是遠離粗重欲望的有情所居、具有清淨色質的世界，為包括下至四禪天，上至無想天這些較高等天神的住處。最上者為無色界，是遠離所有色想的眾生所居、完全沒有色性的世界，為四無色天這些最高等天神的住處。對於極樂世界為三界所攝之說，道綽視之為對極樂世界的貶抑，力斥其非。他指出極樂世界極為勝妙，而三界為生死煩惱之所，兩者截然不類：

---

1 《安樂集》卷下，《大正藏》卷四七，頁一七中～下。

2 《往生禮讚偈》，《大正藏》卷四七，頁四四三中。

3 同上註，頁四四三下。

淨土勝妙，體出世間。此三界者，乃是生死凡夫之闇宅。……虛偽相習，深可厭也。是故淨土非三界攝。[4]

他還舉引《大智度論》、曇鸞《讚阿彌陀佛偈》等的話爲證明：

又依《智度論》云：「淨土果報無欲，故非欲界；地居故非色界；有形色故非無色界。」雖言地居，精勝妙絕。……是故《大經讚》云：「妙土廣大超數限，自然七寶所合成，佛本願力莊嚴起，稽首清淨大攝受。世界光耀妙殊絕，適悅晏安無四時；自利利他力圓滿，歸命方便巧莊嚴。」[5]

《大智度論》表示極樂淨土由於居於其內的眾生沒有欲望，因此不屬於欲界；由於居於其內的眾生包括地居天這些欲界天神，因此不屬於色界；由於它具有形色相，因此不屬於無色界。[6]又曇鸞盛讚極樂世界的殊勝，爲阿彌陀佛本願勝力所生起，由七寶合成，廣大無邊，光潔妙絕，無寒暑四時之別。

4 《安樂集》卷上，《大正藏》卷四七，頁七上～中。
5 同上註，頁七中。
6 參見卷三八，《大正藏》卷二五，頁三四〇上。

這樣安悅莊嚴的國土，不可能是輪迴三界所在之地。[7]

關於極樂世界爲清淨無漏的辯論，懷感由於接受了法相學統的唯識思想，因此覺得有進一步分疏的需要，從而有以下推論：

> 如來所變土，佛心無漏，土還無漏。凡夫之心未得無漏，依彼如來無漏土上，自心變現，作有漏土，而生其中。若約如來本土而說，則亦得名生無漏土；若約自心所變之土而受用者，亦得說言生有漏土。雖有漏，以託如來無漏之土而變現，故極似佛無漏，亦無眾惡過患。[8]

根據唯識學說，心識活動所變起的外境爲清淨無漏，抑或爲污穢有漏，決定於心識的性質。佛陀的本心爲清淨無漏，因此由其本心變起的世界，包括由阿彌陀佛之本心變起的世界，乃是清淨無漏；眾生之本心爲污穢有漏，因此由其本心變起的世界，包括他們往生的極樂世界，乃是污穢有漏。不過眾生心識所以能變現極樂世界，往生其中，是依於阿彌陀佛本願之殊勝力；而依阿彌陀佛的願望，凡夫往生的極樂世界，跟他自身本心所變現的世界，要是極爲相似，沒有罪惡過患，具足無漏相。那麼引申來說，亦不妨謂眾生往生清淨無漏佛土。

7 參見《讚阿彌陀佛偈》，《大正藏》卷四七，頁四二三上。

8 《群疑論》卷一，《大正藏》卷四七，頁三二上～中。

爲了幫助讀者掌握上述情況，懷感把心識變現的國土，按其體相的穢淨，分爲體淨相穢、體穢相淨、體相俱淨、體相俱穢四類：

有體淨相穢，有體穢相淨，有體相俱淨，有體相俱穢。體淨相穢者，謂佛心無漏清淨，故所現之土亦復清淨。然所現土現於穢相，名「體淨相穢」。故《維摩經》言：「爲欲度斯下劣人，故示是衆惡不淨土耳。」[9]「體穢相淨」者，如十地已還本識及有漏六、七識，並地前凡夫一切有漏心所現淨土。是有漏，故名爲「體穢」；以依如來清淨佛土，自識變似淨土相現，故名「相淨」也。「體相俱淨」者，如佛及十地已還無漏心中所現淨土，名「體相俱淨」。「體相俱穢」者，如有漏心所現穢土等是也。今此得生西方，雖是凡夫，然前「第二句體穢相淨」也。[10]

佛陀的心識完全清淨，其所變起的國土的「體」性也是完全清淨。在這些佛國土中，有些是如其清淨體性呈現清淨「相」，此即第三種「體相俱淨」；有些是因應度化衆生的需要，呈現污穢「相」，此即第一種「體淨相穢」。又未成佛的衆生心識污穢，其所變起的國土的「體」性也是污穢。而在這些衆生國土中，有些是如其污穢體性呈現污穢「相」，此即第四種「體相俱穢」；有些是依託佛力之大

9 參見卷上〈佛國品〉第一，《大正藏》卷一四，頁五三八下。
10 《群疑論》卷一，《大正藏》卷四七，頁三四上。

能，呈現跟佛國上相似的清淨「相」，此即第二種「體穢相淨」。今淨土教門所宣示那凡夫往生的極樂世界，乃是第二種「體穢相淨」的世界。

由討論極樂世界的淨穢，懷感進而檢討極樂世界是否爲三界所攝的問題。懷感首先闡述主張極樂世界爲三界攝者的論據，主要在「三界即有漏，有漏即三界」，[11]有漏界和三界的外延完全相同。今極樂世界既然是體上有漏，屬於有漏界，那麼它亦應屬於三界，爲三界所攝。他們進而指出三界中的無色界沒有任何形相，而極樂世界有眾寶莊嚴等形色相；因此極樂世界應不攝屬無色界。如是嚴格說，極樂世界當只攝屬三界中的欲、色二界。他們還舉出一些可用來印證極樂世界爲這兩界所攝的經文：

故《無量壽經》（記）阿難白佛言：「彼佛國土若無須彌山，其四天王及忉利天依何而住？」佛語阿難言：「第三炎天乃至色究竟天，皆依何住？」阿難白佛言：「行業果報不可思議。」佛告阿難言：「行業果報不可思議，諸佛世界亦不可思議。其諸眾生功德善力，住行業之地，故能爾耳。」下卷言：爾時佛告阿難：「汝見彼國，從地以上至淨居天，其中有微妙嚴淨自然之物，爲悉見不？」以此准知，彼之淨土有漏心所變，即欲、色二界攝。[12]

11 同上註，頁三二一中。
12 同上註。

《大經》上卷記佛陀告訴阿難極樂世界的四天王和忉利天依其前生行業的功德善力，可以跟現前世界的這類天神不一樣，不用以須彌山爲居所。[13]《大經》下卷記佛陀問阿難是否觀見極樂世界地上至天上的諸天，包括最上的淨居天。[14]這些經文提到極樂世界的四天王、忉利天、淨居天等，而前兩者爲欲界天神，後一者爲色界天神。從極樂世界裏有欲、色兩界的天神，可見它爲這兩界所攝。

在鋪述極樂世界「三界攝」方面的觀點後，懷感暢論「三界不攝」方面的看法，其陳義採取平排並列形式，似乎無意於兩說之間判定優劣。不過從他在「三界不攝」方面著墨要遠爲多，而且當中多有針對「三界攝」之理據的說話，可見他較同情「三界不攝」方面的立場。[15]在陳述「三界不攝」的主張時，懷感首先指出雖然有漏界和三界指涉的範圍大致相若，但在特別情況下，也有一些存在是包括在有漏範圍內，卻不包括在三界範圍內。這情形懷感稱之爲「有漏名寬，三界名局」：

> 雖知有漏體性不出三界，然以別義，但得名有漏，不得名三界。故三界名局，有漏名寬。[16]

13 參見《大正藏》卷一二，頁二七〇上。據佛經所記，四天王和忉利天住於須彌山之上部。

14 同上註，頁二七八上。

15 古來論者往往以「三界攝」爲懷感的觀點，金子寬哉表示不同意。詳參閱氏著：〈懷感禪師に於ける淨土の三界攝不攝論〉，《佛教論叢》第一三號（一九六九年）。

16 《群疑論》卷一，《大正藏》卷四七，頁三二下。

從《大經》和《小經》的形容所見，極樂世界正是這類存在的典型例子：

只如凡夫得生西方，非五趣攝。故《無量壽經》言：「橫截五惡趣，惡趣自然閉。」又《阿彌陀經》言：「彼佛國土無三惡趣等」。又《無量壽經》言：「彼國眾生非天非人，因順餘方，故有人天之號。」故知彼土無五趣。既許生是凡夫，而非五趣所攝，何妨土名有漏，而非三界所收？[17]

《大經》和《小經》都肯認有漏的凡夫可以往生極樂世界，可見極樂世界為有漏。然而《大經》聲言極樂世界屏絕輪迴界的五趣。[18]又《小經》表示極樂世界沒有地獄、餓鬼、畜生三種惡趣；[19]《大經》進而表示極樂世界裏所謂人、天的眾生，「智慧高明，神通洞達」，祇是鑒於他方世界有人、天，才權宜類比，給他們人、天的名字，其實他們「受自然虛無之身、無極之體」，為非天非人。[20]綜合以上經文所言，可見極樂世界並沒有三界。[21]由是極樂世界雖然為有漏，卻非三界所攝。依同一「非天非

17 同上註。
18 參見卷下，《大正藏》卷一二，頁二七四中。
19 參見《大正藏》卷一二，頁三四七上。
20 參見卷上，《大正藏》卷一二，頁二七一下。
21 「五趣」和「三界」是對輪迴界的不同分析，因此沒有五趣即沒有三界。

人」道理，看主張「三界攝」者所提到那些極樂世界的四天王、淨居天等，可推知他們的名字均是權宜設施，他們都不是常途所言那些屬於欲界、色界的天神。就此懷感還舉出一些證明：

> 如此娑婆世界，欲、色兩界勝劣不同，欲、色有情優劣差別。彼土亦爾，生色界者勝生欲界。何因四十八弘誓願說國中人、天形色不同有好醜者，不取正覺？彼色界形既勝欲界形，如何說同？故知假安立說爲淨居天等，非實即是欲、色界也。[22]

我們這娑婆世界的各欲、色二界天神，有勝劣差別。然而《大經》記載阿彌陀佛未取覺悟前許下四十八願，其中第四願說：「設我得佛，國中人天形色不同、有好醜者，不取正覺。」[23]今阿彌陀佛既然已經取正覺，這便表示其國中的人、天沒有形色、好醜之不同。由是可見，《大經》所出那些極樂世界的四天王、淨居天等，雖然名字跟娑婆世界的四天王、淨居天等相同，其實彼此並非一類。因此不能因後者攝屬欲、色二界，便推論謂前者也是這樣。

此外，跟道綽論「三界不攝」時一樣，懷感引用《大智度論》「淨土非三界」一節話，就極樂世界的特性跟三界不同，證明它是超出三界之外：

---

22 《群疑論》卷一，《大正藏》卷四七，頁三三中。

23 參見卷上，《大正藏》卷一二，頁二六七下。

故《大智度論》言：「淨土非三界。無欲故非欲界，地居故非色界，有形故非無色界。」此論義意，非是淨土無漏識心所現淨土，名出三界；但有漏識心所變淨土，器世間相、布置法用、安立有情、利樂等事，不同於此三界等相，名非三界也。[24]

說極樂世界非三界所攝，不是因爲它是無漏識心所變現的淨土；而是因爲它雖然爲眾生的有漏識心所變起，卻無論在環境、結構、作用等各方面，跟三界截然不同。在極樂世界跟三界諸不同地方，懷感特別談到煩惱：

又託如來無漏淨土，雖以有漏心現其淨土，而此淨土從本性相土，土亦非緣縛、相應縛，不增煩惱。如有漏心緣滅、道諦，煩惱不增，猶如觀日輪損滅眼根也。故非三界，非三界繫煩惱增也。[25]

西方極樂世界雖然是有漏心所變現，但依阿彌陀佛的本願，它具足阿彌陀佛自心所變現的無漏淨土的性相，包括無諸煩惱繫縛之相。不但如此，凝念極樂世界就如凝念四諦中的滅、道二諦一樣，會減損

---

24 《群疑論》卷一，《大正藏》卷四七，頁三三上。所引《大智度論》的話見卷三八〈釋往生品〉第四之上，《大正藏》卷二五，頁三四〇上。

25 同上註，頁三三上～中。

煩惱，好像直視太陽會減損眼根。既然極樂世界跟三界不同，不會叫煩惱繫縛加增，反而會減損煩惱，故它是「三界不攝」。

眾生以屬於三界的有漏心，而變起不屬於三界的世界，這說法似有違常情，卻是經文所明言：

雖知造業之時，此業是於欲、色二界有漏善心。有漏善心所感之報，即是淨土之形，不名欲、色界攝。……斯亦乘阿彌陀佛不可思議弘誓願力，令其業力感報極長，非是凡夫所測度，經文顯然，不可不信。大乘道理，意趣難知；諸佛境界，非凡所測。但知仰信，專識修學，不可一一依諸法相楷定是非，論是三界非三界也。[26]

這段話訓誡佛子在思量攝不攝問題時，不可但從常理角度判斷是非，蓋阿彌陀佛弘誓之力不可思議，原來便非凡情所能測度。這裏懷感教人放下理智，一往誠心仰信佛陀的話，依靠佛陀本願的加持，反映出他跟先師道綽、善導一樣，重視信心和願力。不過要注意懷感就「相淨」而主張極樂世界為「三

---

26 同上註，頁三三下。又關於依阿彌陀佛本願的他力，有漏之心體能現淨土之相，《群疑論》還說：「又由於本願與眾生，令為現淨土。眾生宿於佛所有生大願，深厭穢心，修清淨行，詑彼如來淨土相上，雖是有漏，而能現彼清淨佛土，還如世尊所現無漏清淨佛土。此由他力為增上緣，令此有漏之心，現其淨土相也。」（同上，頁三五上～中）

界不攝」的同時，又因他接納了唯識思想的識有漏則境有漏的前設，主張極樂世界為「體穢」。這跟道綽等為了反對極樂世界有雜染的說法，從而力言極樂世界為「三界不攝」，在思路上存在著微妙差別。[27]

---

27 有關懷感對極樂世界為有漏或無漏、為三界攝或為三界不攝這些問題的意見，參閱山本佛骨，前引文，頁二〇～二一；村上眞瑞：〈《釋淨土群疑論》における淨土と三界〉，《淨土宗教學院研究所所報》第五號（一九八三年）；〈《釋淨土群疑論》における淨土の一考察〉，《法然學會論叢》第五號（一九八五年）；島津現淳，前引文，頁一一四～一一九；望月信亨，前引書，頁二三二～二三四。

第三章　往生極樂世界的利益、過程和意義

第一節　往生極樂世界的利益

懷感把極樂世界判屬層次較高的自受用一類佛土，力言它非三界所涵攝，在表相上完全清淨，其用意要在顯揚極樂世界的超勝，以誘發信眾願求往生的意願。基於同一動機，懷感極力宣揚往生極樂世界所得利益的殊勝。他根據「淨土三部經」、《往生論》等淨土系佛典所言，把往生極樂世界的利益綜括爲三十種。[1]現試加以分類，列舉如下：（每項後附數碼顯示其在《群疑論》中原出次序）：

一、總益：受用極樂佛土各種清淨功德莊嚴。(1)

二、別益：

(一)受樂益：

①唯有喜樂，無有憂苦。(23)

---

1 參見《群疑論》卷五，《大正藏》卷四七，頁六一上。

②衣服飲食隨念即時獲得。(22)

(二)絕苦益：永遠斷絕地獄、餓鬼、畜生這三種惡趣。(15)

(三)形體益：

①以眞金爲顏色。(16)

②晝夜恆常發出光芒。(29)

③具足三十二種大人相。(24)[2]

④彼此沒有美醜差別。(17)

⑤壽命長久。(21)

(四)神通益：

①具足神足通、天眼通、天耳通、他心通、宿命通五種超自然能力。(18)

②獲得那羅延天神的大力。(30)[3]

(五)同伴益：

①跟菩薩相聚。(8)

---

2 「三十二相」爲佛陀色身所具有的三十二種勝妙特徵，包括身體發光、手足柔軟、皮膚細軟等。

3 「那羅延」意譯爲堅固力士，乃具有大力的天神。

②沒有女人為伴。(25)

③沒有小乘人為伴。(26)

(六)受教益：

①得以親近阿彌陀佛。(3)

②得以遊歷十方供養眾佛。(4)

③聞受大乘法。(2)

④得聞鸚鵡、舍利等鳥宣揚佛法。(11)

⑤得聞清風動樹所發出美妙法音。(12)

⑥得聞澄淨流水宣說苦、空等眞理。(13)

⑦得聞各種樂器奏出法音。(14)

⑧遠離身處地獄等八種見佛聞法的障難。(27)[4]

(七)行道益：

---

4 這八種障難爲在地獄難、在餓鬼難、在畜生難、在長壽天難、在鬱單越難、盲聾瘖瘂難、世智辯聰難、生在佛前佛後難。詳參閱慈怡（主編），前引書，頁三一八下～三一九上。

①不行各種不善。(20)

②發無量勝願，習無量勝行，念念增進。(10)

③住正定聚，[5]能破顛倒妄見。(19)

④證三法忍，[6]安順正理。(28)

⑤福慧雙修，[7]迅速達至圓滿。(6)

⑥永遠不會退轉。(9)

(八)證道益：

①得諸佛授記未來成佛。(5)

②迅速證得無上正等覺悟。(7)

---

5 正定聚跟邪定聚、不定聚合稱「三聚」。屬於正定聚的眾生，能破顛倒，跟邪定聚眾生不能破顛倒，不定聚眾生因緣具足則能破、因緣不具足則不能破，有所不同。參閱同上註，頁六六五上～中。關於懷感對正定聚的理解，參閱本章第三節。

6 「忍」有心安之意。「三法忍」爲音響忍、柔順忍、無生忍，指聽聞正法而心安、思惟正法而心安、證得無生正理而心安。參閱同上註，頁五七一下。

7 「福慧」即福德和智慧。在大乘菩薩修習的布施、持戒、忍辱、柔和、精進、般若這六種波羅蜜中，前五者屬於「福」，後一者屬於「慧」。

以上懷感所說出的往生極樂世界的諸利益中，最備受重視的首推「唯有喜樂，無有憂苦」。懷感把極樂世界這項特點，跟色界的比較，以凸顯極樂世界之「樂」為「極」致：

彼色界天雖無有憂苦，唯有喜樂，然非極樂，終有苦受，故修行者不願上生。[8]

三界中的色界為清淨色質的世界，那裏的四禪天以至無想天等較高等的天神，據說也是「無有憂苦，唯有喜樂」。懷感在這裏指出其實色界的天神仍然要經歷苦的感受，因此天界之樂並非「極樂」，修行人不應願生天界。他繼而分八點做出說明，處處申示往生色界不及往生極樂世界：

一、上無寂樂：往生色界的有情跟往生極樂世界者不一樣，不能證得無上覺悟，受用大涅槃的寂滅之樂。

二、下墮苦輪：往生色界的有情在受盡生天樂報後，會還墮欲界受苦，不像往生極樂世界者永遠不會退墮三界。

三、無聖歸依：往生色界的有情雖有淨居天等色界諸天為伴，然而跟往生極樂世界者有眾多大菩薩可以依靠，不能相比。

四、不聞正法：色界不像極樂世界，常有佛、菩薩、流水、飛鳥、樹木演說佛法，可供聞習。

---

8 《群疑論》卷二，《大正藏》卷四七，頁四二下。

五、有諸味定：往生色界者所修習的禪定有味著成分，會增生煩惱，而往生極樂世界者所修習的禪定則無。

六、邪見惑增：外道亦可往生色界，因此色界仍然有邪見存在，例如有誤認無想天爲涅槃之事。[9]這情況在極樂世界不會發生。

七、三災壞境：在壞劫時，部分色界會被火、水、風三種災難毀壞；[10]而這是極樂世界沒有的事情。

八、八難成身：色界仍有八難中的長壽天難，爲見佛聞法的阻礙；[11]而極樂世界則沒有所有八難。

由此可見，色界不但在受樂方面，在絕苦（一、七）、同伴（三）、受教（四、八）、行道（五、六）、證道（二）諸方面，都有缺陷，與極樂世界相比，勝劣懸殊，不可視之爲來生往生的目標：

> 具斯八義，雖有喜樂，終淪苦惱。故樂非極樂，與彼（極樂）淨土勝劣懸殊。故往生之徒，不願生於色界也。[12]

---

9 色界爲四禪的果報，因此外道可經由修習四禪而往生色界。「無想天」爲色界的諸天之一，生於此天者，一切心識活動全部停止，外道誤以爲這便是證得涅槃。關於無想天，參閱慈怡（主編），前引書，頁五一二三下～五一二四上。

10 關於世界壞滅時色界受到三災損壞的情況，參閱同上註，頁六六五三上。

11 八難指不得遇佛，不聞正法之八種障難。參閱同上註，頁三一八～三一九。

12 《群疑論》卷二，《大正藏》卷四七，頁四二下。

除了「唯有喜樂，無有憂苦」外，對其他以上列舉的往生勝益，不少懷感也有相關討論；當中著墨較多，又是較具理趣的，首推沒有小乘人爲伴和沒有女人爲伴這兩點。懷感說極樂世界無小乘人和無女人，主要根據《往生論》。《往生論》爲世親所造，是在中國流傳的唯一以極樂淨土爲主題的印度論書，深受中國淨土教門諸師重視；內中談到極樂世界的功德莊嚴，有「大乘善根界。等無譏嫌名，女人及根缺、二乘種不生」的話。[13]對於《往生論》所謂「二乘種不生」，歷來論者有不同解釋；而懷感對它們的申析，顯示了他所謂極樂世界無小乘人的確切意思。懷感一共舉列了四種解釋，其中前兩種是以《瑜伽師地論》的五乘種性說法爲本。這說法把眾生約其稟性之不同，分爲五類：㈠聲聞乘定性、㈡緣覺乘定性、㈢菩薩乘定性、㈣不定種性、㈤無種性；其中第一、第二兩類天生法爾沒有成佛之性能，因此永遠不能成佛，只能成阿羅漢；而第五類甚至成阿羅漢的性能也沒有，因此會永遠輪迴，只能期望轉生爲人或天。懷感所說出的四種解釋中，第一種主張「二乘種不生」的「二乘種」，是指第一、第五兩類種性，第二種則主張這是指第一、第二兩類種性；而它們均把「不生」理解爲指不會往生極樂淨土。雖然懷感沒有對這兩種解釋表示不滿，不過它們是依五乘種性之說法立論，而這說法肯認有永遠不能成佛的眾生，跟懷感主張一切眾生都可以往生極樂世界，繼而成佛，[14]觀點明顯

---

13 《大正藏》卷二六，頁二三一中。

14 關於懷感主張一切眾生皆可往生，詳參閱本書第五章。

有異，從而可推想它們當非懷感所採納。至於第三種解釋，它提出愚法、不愚法兩種二乘的界別：愚法二乘爲今生未能迴心歸向大乘的小乘人，他們既然在今生不信大乘法，從而不願生淨土，故此在次生不會往生極樂世界。這便是《往生論》「二乘種不生」之所指。不愚法二乘是那些已經迴心歸向大乘的小乘人，他們雖然修習小乘行，但由於已歸信大乘，願生淨土，故此次生可以往生極樂世界。《小經》在狀述極樂世界的功德莊嚴時，提到那裏的佛「有無量無邊聲聞弟子，皆阿羅漢，非是算數之所能知，諸菩薩亦復如是」；[15]其中所提及的聲聞，便是不愚法二乘。第四種解釋基本上承襲第三種解釋的思路，不同地方在它認爲不愚法二乘既然已歸心大乘，他們便已經是菩薩，不再是二乘；至於上引《小經》的話中提到的聲聞，它廣引《四分律》、《法華經》、《維摩經》的章節，顯示經、律均有以「聲聞」來稱呼菩薩、以至稱呼佛的情況。由是這解釋把極樂世界裏的眾生分爲漸、頓兩種，說：

> 漸、頓兩人俱行菩薩行，並趣求佛果。雖並得名菩薩，然迂迴人亦得名聲聞，以因聲悟道，復本是小機；亦得名菩薩，以彼趣求大菩提故。菩薩之人以直往故，但名菩薩，不名聲聞，以本不是因聲悟道故。佛以二名簡彼漸、頓二眾弟子，故言：「無量無邊聲聞弟子，皆阿羅漢，非是算數之所能知，諸菩薩亦如是也。」[16]

---

15 《大正藏》卷一二，頁三四七中。

16 《群疑論》卷五，《大正藏》卷四七，頁六二下。

極樂世界裏只有菩薩，沒有小乘人，所以《往生論》乃謂在極樂世界中「二乘種不生」。在極樂世界的眾多菩薩中，有些是經歷過小乘階段，迂迴進入大乘道的「漸」行人；由於他們先前曾經是小乘人，故亦得名爲聲聞。有些是不用經歷小乘階段，直往大乘道的「頓」行人；他們但名菩薩，不名聲聞。上引《小經》經文所提及的聲聞，是指前者；所提及的菩薩，是指後者。又從懷感對這第四種解釋的申析，要遠比前三種詳細，行文中透露出推許之意，可見他贊同其觀點。

至於極樂世界爲沒有女人，由於在古印度女性受到嚴重歧視，社會地位低下，以至生爲女子被普遍視爲嚴重苦惱；影響所及，古佛典狀述其理想佛國時，往往宣稱它們是無女人。[17]在極樂世界方面，除了《往生論》提到它是「女人不生」外，《大經》所出阿彌陀佛諸本願中，有「轉女爲男願」，願言女性行者在轉生極樂世界後，不再「復爲女像」，[18]亦顯示極樂世界爲無女人。不過《鼓音經》談到阿彌陀佛，說「其國號曰清泰」，又說其「父名月上轉輪聖王，其母名曰殊勝妙顏」；[19]有人據此或疑阿彌陀佛既然有母親，其國土便不可能是沒有女人。對這疑問，懷感提供了三個可能答覆：

---

17 關於佛土沒有女性的問題，參閱釋永明：《佛教的女性觀》（高雄：佛光出版社，一九九〇年），頁一一六～一三〇。

18 卷上，《大正藏》卷一二，頁二六八下。

19 《大正藏》卷一二，頁三五二中。

一、凡是佛皆有受用身和變化身。《觀經》等所說那居於極樂世界的阿彌陀佛，爲受用身佛；《鼓音經》所說那居於清泰國的阿彌陀佛，爲變化身佛。不能因爲後者有生身母親，便謂前者也是如此，從而推論前者所在的極樂世界是有女人。

二、《鼓音經》所說阿彌陀佛的國號、父母的名稱等，都是一些功德的象徵：「清泰」象徵最清淨的眞理界，「月上」象徵金剛三昧，「殊勝妙顏」象徵般若：

> 言「國清泰」者，此顯如來最清淨法界也。性淨曰「清」；體寬稱「泰」；萬德依止，故言「國」也。……父名「月上」者，此金剛三昧也。夫「月」以破闇爲能，三昧除惑爲用也。……「殊勝妙顏」者，夫一身之中「顏」面第一，六度之内般若稱尊。般若「殊勝」爲大師之母也。20

既然經中所提及那名爲「殊勝妙顏」的阿彌陀佛的母親，並非實有其人，也便不能據之而謂阿彌陀佛的國土有女人。

三、在清泰國受母胎的，爲未成佛前的阿彌陀；居於極樂世界的，爲已成佛的阿彌陀。有女人的是清泰國，而非極樂世界。

要注意是懷感雖然贊成極樂淨土非實有女人，卻不否認它有化現的女

---

20 《群疑論》卷六，《大正藏》卷四七，頁六三下。

人，懷感有以下論說：

有二釋：一釋言：唯有化鳥，而無化女。何以故？以經唯說有於化鳥，無說有諸化女故。若有者，經文亦應說。……難曰：經說淨土變化莊嚴，豈能畫也？《稱讚淨土經》言：假使世尊住世百千劫，化無數舌，說彼淨土莊嚴之相，亦不可盡。[21]豈以不說，即言無也？二釋言：彼有化女。如《觀音授記經》說觀世音菩薩化無量女人，[22]此豈不是化女者也？……[23]

懷感首先提到持反方意見者指出《小經》祇說及阿彌陀佛變化出眾鳥，[24]沒有說及阿彌陀佛變化出女人，可見極樂世界應是沒有化女。他繼而做出反駁，指出正如《稱讚淨土經》所言，極樂淨土的變化莊嚴無量無邊，就算佛陀也不能盡述；由是經中沒有提及極樂世界有化女，並不表示果然沒有。他最後舉出正面意見的文證：《觀音授記經》記觀音菩薩往阿彌陀佛所，以神通力化現眾多玉女；由是可知

---

21 《大正藏》卷一二，頁三四九中。

22 參見《大正藏》卷一二，頁三五五上。

23 《群疑論》卷五，《大正藏》卷四七，頁五八下。

24 《小經》描述極樂世界的功德莊嚴，提到那裏「常有種種奇妙雜色之鳥，……晝夜六時出和雅音，其音演暢五根、五力、七菩提分、八聖道分如是等法。」而它們「皆是阿彌陀佛欲令法音宣流，變化所作。」（《大正藏》卷一二，頁三四七上）

極樂世界是有化女。要特別注意是懷感謂極樂世界沒有女人，跟他謂極樂世界沒有二乘人一樣，乃是就極樂世界的存在狀況而論，並沒有女人和小乘人不能往生極樂世界的意思，跟他主張一切眾生皆可往生極樂世界，並沒有矛盾。

又在極樂世界以外，佛經還提到許多其他佛土，極力稱讚它們的美善地方，當中也包括有樂無苦、無二乘人、無女人等。懷感舉出三種理由，解釋他何以只勸人往生極樂世界，而不勸人往生其他佛土：[25]

一、有說無勸：有些佛土佛經只提到它們，而沒有勸人往生，可見它們並非眾生所可以願求往生之所，故此今不勸人往生其地。例如大乘《涅槃經》提及的無勝淨土即是。[26]

二、有勸機少：有些佛土佛經雖然有勸人往生，但其勸辭顯示能往生者只限於少數有機緣的眾生，而非所有眾生，故此今不勸人往生其地。例如《維摩經》提到的妙喜世界即是。[27]

---

25 解釋見《群疑論》卷五，《大正藏》卷四七，頁五七中～下。

26 在大乘《涅槃經》中，佛陀談及他原來居住於西方四十二恆河沙數世界外的無勝世界，那裏的莊嚴跟極樂世界一般無異。他是為了教化眾生，來到這娑婆世界。參見北本《涅槃經》卷二四〈光明遍照高貴德王菩薩品〉第一〇，《大正藏》卷一二，頁五〇八下～五〇九上。

27 《維摩經》記維摩詰以右手取妙喜世界，放置於此世界，讓大眾得見其無量功德；在佛陀預記十四那由他人定當往生妙喜世界後，它便還歸本處。參見《維摩詰所說經》卷下〈見阿閦佛品〉第一二，《大正藏》卷一四，頁五五五中～下。懷感認為這顯示祇有那十四那由他人，而非一切人，可以往生妙喜世界。

三、勸文不具：有些佛土佛經雖然有勸人往生，但所出勸文簡短，不像《觀經》等淨土系經典般周備，包括所有以下五方面：

(1)顯示往生者爲凡夫。

(2)說明未來往生的時節。

(3)彰顯造重罪者亦可往生。

(4)有十方諸佛證明其說話眞確。

(5)有多種佛經證明其說話眞確。

由於依據不足，故此今不勸人往生其地。例如《藥師經》提到的淨琉璃世界即是。[28]

由此可見，往生極樂世界的利益，是凡聖共被，而且是的然有據，易修易證，故此在諸佛土中，淨土教門特別推崇極樂佛土爲往生之勝所。

---

28 參見《藥師如來本願經》，《大正藏》卷一四。

第二節　往生極樂世界的過程

根據「淨土三部經」所言，修行者要往生極樂世界，得修習三福、十六觀、念佛等法門。如是臨命終時，依其造業所感，會覩見阿彌陀佛及其隨屬前來歡迎他們，即時約其修行造詣的高下，以高下不同方式，往生極樂世界。對於這往生過程，懷感以前的淨土宗諸師大多依經直說，分析不多；懷感承受了法相學統注重論理的習尚，對這過程各階段所牽涉的觀念，有深細說明，成為他的淨土教學的主要特色之一。

一、往生極樂世界的業因的性質

「業」的原梵語為karman，意譯為行為。佛教相信報應，認為性質不同的行為，會導至相應性質殊異的果報，故「業」在佛教又類推為指由行為產生、引發果報的力量。懷感對導至往生極樂世界的行為，有詳細說明，下文會闢專章處理。這裏先要交代的，為懷感對這些行為所產生的業之類別的了解。

佛教重視業報，因此也關注業的類別問題，自不同角度，提出不同分析；當中較流行的，有根據業所依以形成的因行和所感引的果報的性質的不同，而分別安立的黑黑、白白、雜、非黑非白「四業」

分類，以及罪、福、不動「三業」分類。四業分類中的「黑黑業」是指以惡行爲爲因、感引轉生地獄、餓鬼、畜生這可惡三趣之業；「白白業」是指以善行爲因，感引轉生色界、無色界這些可愛存有界之業；「雜業」是指以摻雜善惡的行爲爲因、感引轉生摻雜可愛、可惡成分的人、天二趣之業；「非黑非白業」是指以無漏行爲爲因、感引涅槃這無漏果之業。至於往生極樂之業當屬四業中那一類，懷感述及以下看法：

有說：四業之中，是「白白業」、「雜業」二業所攝。以「黑黑業」是於不善，此乃能感三途，豈能招淨土報？無漏之業不能感報，體雖清淨，非異熟因。唯餘二業感淨土報，若未得上界定，以欲界心修西方業者，此用「雜業」往生西方；若已伏欲惑、得上界淨心生西方者，此用「白白業」生於淨土也。[1]

有些人指出西方極樂世界既然沒有三種惡趣，又並非涅槃，因此感引往生那裏的業不能是「黑黑業」和「非黑非白業」。由是感引往生西方極樂世界果報之業，便只能是「雜業」和「白白業」。他們又進一步做出解釋，表示修行人要是仍有愛欲，便會依「雜業」往生；要是已經制伏愛欲，[2]便會依「白

1 《群疑論》卷五，《大正藏》卷四七，頁六〇下。
2 制伏愛欲者叫愛欲暫時不現行，並沒有完全斷除愛欲。

白業」往生。懷感繼而提到有人反對這看法，並詳述他們反對的理由：

有說：不然。此三種業並約穢土欲、色二界善惡兩趣以分其業，非約往生西方論其「白白」等善業。且「雜業」是欲界人、天之業，能招雜報，雖受樂果，亦招苦報，故欲界中受苦、樂果。往生淨土無有眾苦，一向安樂，寧容「雜業」爲淨土因？若唯「白白業」是淨土因者，如未得四靜慮定，爲因何業生於西方？故知淨土正因非前業攝。前之四業攝法不盡，於理何妨？[3]

反對者首先表示「黑」、「雜」、「白白」這些業的類別是約所感引欲、色二界和輪迴諸趣之美惡不同而劃分，無關乎往生極樂世界；其言下之意，是極樂世界本非三界所攝，故不當用轉生三界之業的分類，來界別往生極樂世界之業。反對者繼而指出「雜業」招引摻雜苦、樂的果報，今往生極樂世界「無有眾苦，一向安樂」，又怎會是以「雜業」爲因？又淨土經典都肯認未修得四禪的凡夫可以往生極樂世界，而凡夫未修做「白白業」，由此可見往生極樂世界並非唯以「白白業」爲因。此外，往生極樂世界不同證入涅槃，自然並非以「非黑非白」業爲因。如是看來，往生極樂世界之業並不屬於四業分類中任何一類，由是反對者乃謂「四業攝法不盡」。在上述正反雙方見解中，反方見解是以極樂世界非三界所攝爲主要論據，而三界不攝就上文所見，乃是懷感的極樂世界觀的基本主張之一；由是

3 《群疑論》卷五，《大正藏》卷四七，頁六〇下。

可推見反方的往生極樂世界之業非四業所攝的說法，當是代表了懷感的觀點。

至於三業分類，其中的「罪業」是指以惡行爲因、感引可惡果報之業；「福業」是指以善行爲因、感引可愛果報之業；「不動業」是指以禪定爲因、感引決定不移果報之業。談到往生極樂世界之業當屬這三類業中那一類，懷感同樣提到兩種相異看法：

有說：於三業中，用「福業」及「不動業」生西方也。三福即是「福業」，「十六觀」若得上界定心，即「不動業」也。有說：非三業攝，以三業並據穢土業說，不約淨土論也。故淨土業非三業也。[4]

第一種說法著眼於因行方面，指出在《觀經》所指出的往生極樂世界的行因中，「三福」包括孝養父母等善行，「十六觀」包括各種禪觀；[5]而由善行和禪行所產生的業，要爲「福業」和「不動業」。第二種說法則從感果方面立論，指出三業所感引的，要爲三界穢土的果報；而極樂世界並非三界穢土，因此往生極樂世界的業當不屬於三業分類中任何一類。懷感沒有清楚表明他採取那一種說法，不過從後一說法是以三界不攝思想爲背景這點看，它是較符合懷感淨土觀的一貫立場。

---

4 同上註，頁六一上。

5 有關「三福」和「十六觀」這些往生行因，詳見本書第四章第一節。

二、來迎的意義

《大經》所記阿彌陀佛未成佛前所許下、依其成佛而得以成就那四十八願中，包括以下的「臨終接引願」：

> 設我得佛，十方眾生發菩提心，修諸功德，至心發願，欲生我國，臨壽終時，假令不與大眾圍遶現其人前者，不取正覺。[6]

《小經》又提到執持阿彌陀佛名號一心不亂者，「其人臨命終時，阿彌陀佛與諸聖眾現在其前；……即得往生阿彌陀佛極樂國土。」[7]由是中國淨土教門有「來迎」說法，倡言凡誠心發願、努力求往生者，在他們臨終時，阿彌陀佛及其隨屬會「來」現其前，「迎」接他們進入極樂世界。《瑞應刪傳》便記載了不少來迎傳說，例如提到慧遠辭世時「聖眾遙迎」，又述及曇鸞去世後附近尼寺「聞空中音樂西來東去，須臾又聞東來西去」等。[8]

---

6 《無量壽經》卷上，《大正藏》卷一二，頁二六八上～中。

7 《阿彌陀經》，《大正藏》卷一二，頁三四七中。

8 《大正藏》卷五一，頁一〇四上～中。

對於阿彌陀佛的來迎，懷感有如下說明：

> 甚深實相平等妙理，法身如來本無生滅；以佛本願無限大悲，接引眾生，從眞起化，十方世界，如來接引三輩九品。以化即眞，不來不去；隨機應物，有往有還。[9]

以上引文講阿彌陀佛來迎，提出「法身」如來和「起化」如來的對比，透露出體、用兩個層面的阿彌陀佛的構思。依上引文之意思，阿彌陀佛在自體方面是法身佛（當即是前第二章所述的法性身）[10]，為沒有生滅，無來無去；阿彌陀佛在起用方面則是有各種變化，有往有還。而來迎的阿彌陀佛，乃是起用層面的阿彌陀佛。至於阿彌陀佛怎樣起用來迎，懷感舉出兩種解釋。第一種解釋出自「西方」論者：

> 又西方有釋言：實無有佛從彼西方而來，至此授手迎接；亦無有佛引彼眾生，往生淨土。但是如來慈悲本願功德種子增上緣力，令諸眾生與佛有緣，念佛修福，做十六觀。諸功德力以為因

---

9 《群疑論》卷二，《大正藏》卷四七，頁三七下。

10 其實在懷感以前，無論是主張阿彌陀佛為報身佛的淨土宗人，或是主張阿彌陀佛為化身佛的其他宗門之徒，都曾流露出法身阿彌陀佛的想法，認為在具有形色的報身或化身阿彌陀佛背後，存在著沒有形色、更為根本的法身阿彌陀佛。例如道綽便曾表示「阿彌陀佛亦具三身」（《安樂集》卷上，《大正藏》卷四七，頁六上）。參閱拙作〈淨影寺慧遠的淨土思想〉，《中華佛學學報》第八期（一九九五年），頁三五八；柴田泰：〈彌陀法身說とその展開〉，《印度哲學佛教學》（北海道大學）第五號（一九九〇年）。

緣，自心變現阿彌陀佛，來迎行者，隨化佛往。言彼佛遣來，不是實遣，但是功德種子，與所化生時機正合，令見化佛來迎。……是自心相分，非關他也。[11]

這解釋以法相學統的唯識思想爲本，表示行者受到阿彌陀佛之本願的強勝力所推動，修習念佛、三福、十六觀等往生法門，積集往生功德種子於自心中。在臨危命終時，時機正合，其自心便變現阿彌陀佛，來迎接他們到極樂世界。依這解釋，阿彌陀佛嚴格說並沒有起用來迎，行者臨終所見那伸手引領他們進入極樂世界的阿彌陀佛，其實是他們自心變起的對象（「相分」）。第二種解釋則肯認眞是有來迎的事發生：

又有釋言：如來應機，亦復變現，現作諸化身，十方迎接往生眾生。彼諸化佛從佛鏡智大悲流現，故言彼佛遣化來迎。[12]

這解釋援用了法相學統的大圓鏡智觀念。大圓鏡智乃是佛陀在成佛時，隨著心識性質的轉變，轉有漏識爲無漏智，從而形成。它是最基本的智體，有攝持所有殊勝無漏種子，變現其他智體的作用。依這解釋，阿彌陀佛大慈大悲，普應群機，從其大圓鏡智，變起有生滅變化的佛身，迎接十方往生的眾生。

---

11 《群疑論》卷二，《大正藏》卷四七，頁三七下。

12 同上註。

從懷感在其他地方提及來迎時，用到「親自來迎」一類說話，[13]可推見他採納第二種解釋。《觀經》逐一描述九品往生者臨終時的情況，大都提到阿彌陀佛和其隨屬如何出現其前，迎接他們進入西方極樂世界，唯獨談到中品下生者時例外。有些論者據此遂謂有不來迎而往生的情況。他們解釋《大經》的「臨終接引願」所提到的來迎對象，為曾「發菩提心，修諸功德，至心發願」；今中三品人雖然修諸功德，然而未嘗發大菩提心，[14]由是阿彌陀佛沒有來迎中品下生人，並沒有違其本願。他們又舉《藥師經》的話為證：經中提到有願往生極樂世界而又未能專心決定者，要是他們得聞藥師如來名號，臨終時文殊、觀音等八大菩薩便會乘空而來，示其道路，令生西方。[15]他們以為這顯示要是往生者未能做到「至心」，阿彌陀佛是不會親自現前，加以接引的。懷感顯然不同意以上看法，在引述其論點後，作以下案語：

> 為《無量壽經》說三輩人皆發無上菩提之心，悉得佛迎。縱令不見，猶當夢見，而得往生也。[16]

---

13 例如《群疑論》卷六，《大正藏》卷四七，頁六九上。

14 懷感時代盛行中三品往生者為小乘人的說法。參閱本書第五章第三節有關九品往生者的證道階位的闡述。小乘人不追求成佛，因此是未嘗發大菩提心。

15 參見《藥師如來本願經》，《大正藏》卷一四，頁四〇二下。

16 《群疑論》卷六，《大正藏》卷四七，頁六八上～中。

《大經》把一切往生者分為上、中、下三輩，在分述每一輩的特點時，都提到「發無上菩提心」，可見並沒有不發無上菩提心的往生者。又從《大經》記上、中二輩臨終時覩見阿彌陀佛及其從屬「現其人前」，記下輩臨終時「夢見彼佛」，[17]可見所有往生者都有某方式蒙受來迎的經驗。至於何以《觀經》談中品下生者時沒有提及來迎，懷感的解釋是：

釋曰：准依四十八大誓願，若不來迎，不取正覺。又下品三生猶得聖來，准上准下，必應聖迎。然不述者，或是翻譯者脫，或是略而不述。[18]

依《觀經》所記，最卑劣的下三品往生者尚且得蒙彌陀親自來迎，何況中品人？經文沒有明言，懷感以為這或者因為略而不述，或是因為譯文有脫落。總之，依懷感之意，得佛來迎乃是普遍發生在一切往生者身上的事情。

三、煩惱潤生和中有

《俱舍論》、《雜集論》等流行於法相學統的佛典，在說明輪迴流轉的發生時，一再談到煩惱潤

---

17 參見《無量壽經》卷下，《大正藏》卷一二，頁二七二中～下。

18 《群疑論》卷六，《大正藏》卷四七，頁六八上。

生和中有的問題。所謂「煩惱潤生」，是說眾生在命終時，由於煩惱未盡，其貪愛之惑顧戀自體和外境，至而招引下期生命的形成。至於「中有」的「中」，是指上期生命結束後，下期生命形成前，其中間的階段。不少佛教學派，包括法相學統在內，相信在這階段裏，有一過渡性存在，作爲上、下兩期生命的連繫者，這便是「中有」的「有」。

往生極樂世界雖然跟輪迴轉生是截然不同的兩回事，不過它還是一種「生」，加上懷感在觀念上深受法相學統熏陶，由是覺得有澄清往生是否也牽涉煩惱潤生和中有的必要。在煩惱潤生方面，懷感提到兩種解釋，第一種爲：

> 若未離欲界欲生西方者，起欲界愛，潤淨土生。若已離欲界欲、得色界定者，起色界愛，潤淨土生。若已離色界欲，得無色界定者，其退性者退起欲、色煩惱，生於西方；若不退者，必不生淨土。[19]

根據《雜集論》等論書所說，在三界輪迴中，是欲界愛招致轉生欲界，色界愛招致轉生色界，無色界愛招致轉生無色界。[20]以上解釋明顯是把這構思應用來講潤生極樂世界，表示在往生極樂世界的眾生

19 《群疑論》卷四，《大正藏》卷四七，頁五四下。

20 參閱《大乘阿毗達磨雜集論》卷五，《大正藏》卷三一，頁七一四中～下。

中，要是未斷除欲界愛，便是由欲界愛招致往生；要是已斷除欲界愛、未斷除色界愛，便是由色界愛招致往生。至於那些已斷除欲、色二界愛，還未斷除無色界愛者，又可細分爲兩類：一類是會退轉、還起欲界愛或色界愛者，他們會分別由欲界愛或色界愛招致往生。一類是不會退轉者，他們必定不會往生；因爲無色界愛只會招致無色的果報，而極樂世界是有形色，並非無色。這解釋視潤生極樂世界，類同潤生欲、色二界，跟懷感三界不攝立場不吻合，應當非懷感所首肯。以下懷感所提出的第二種解釋，當是代表了他的觀點：

> 有釋言：生於淨土命終之時，大聖來迎，慈悲加祐，令心不倒，便即命終；若起煩惱，即名顛倒。然受生之法，必須煩惱，此乃用煩惱種子，以潤有支，令生相續，亦無有過。……論據穢土受生，凡夫唯用現行煩惱，以凡夫煩惱熾盛，命終皆悉顛倒。往生淨土，蒙佛加祐，心不顛倒，煩惱不起，不可例同穢土生法。21

這解釋表示「凡受生之法，必須煩惱」，跟第一種解釋一樣，肯認往生極樂世界必須有煩惱潤生。不過跟第一種解釋不同，它嚴別潤生三界穢土和潤生極樂世界的方式；指出轉生穢土者臨終時心起顛倒，煩惱熾盛，他們是以現前運作的煩惱招引來生；而往生極樂者臨終時可得到阿彌陀佛來迎庇佑，其心

21 《群疑論》卷四，《大正藏》卷四七，頁五四下。

不起顚倒，沒有現前煩惱，因此他們只可以是以「煩惱種子」招引來生。「煩惱種子」者，是指煩惱行爲所產生、會引現有漏果報的功能。往生極樂淨土者在往生前做過不少煩惱行爲，累積煩惱種子。就是這些煩惱種子的潤生作用，教他們不能證入涅槃，而往生極樂世界。

懷感除了肯認往生極樂世界牽涉煩惱潤生，也肯認往生極樂世界牽涉中有。《觀經》談到九品勝劣等次不同的行者的往生情況時，提及他們在臨終阿彌陀佛來迎時，看見自己坐在蓮華上，蓮華隨即合上，跟隨阿彌陀佛身後，往生極樂世界的七寶池中，依其品位的高下，經過或短或長的時間，蓮華乃敷放。[22]一些論者認爲往生極樂淨土者命終時坐蓮華中，就如轉生三界穢土者受生時托於母胎內；而從托於母胎受生的爲「生有」而非爲「中有」，可類推坐在蓮華內往生的也是「生有」而非是「中有」。[23]以此爲理由，他們遂主張往生極樂淨土不牽涉中有。懷感對這說法表示不同意：

> 今釋：此義未必則然。且如穢土受生之法，必須至彼生處，方受生陰；如欲界死，生於色界，須從欲死受色中有之身，至彼色界，方受生陰，無有於欲界受色界生有身。今生淨土義亦如此，不可於穢土死，則於穢土受淨土生有身也；要須至彼淨土之中、寶池之上，方成生有身也。……

22 參見《觀無量壽佛經》，《大正藏》卷一二，頁三四五上～三四六上。例外的是上品上生和上品中生的行者，他們是分別乘金剛臺和紫金臺往生。又談到中品下生者往生的情況時，經文也沒有提及蓮華。

23 佛教把輪迴轉生分爲中有、生有、本有、死有四期。其中「中有」指上期生命結束後，下期生命開始前那中介階段，「生有」指下期生命生緣成熟、托生母胎之刹那。跟「中有」一樣，「生有」又類推爲指托生母胎之存有體。

亦以趣生、至生義有差別，分中、生陰異，不約有花、無花分中、生別也。[24]

懷感指出依穢土轉生的情況，必須到了受生之處，方受「生有」。例如從欲界轉生色界者，在欲界死後先受「中有」，及至在色界托胎受生時乃受「生有」。往生極樂淨土的情況也應是一樣，往生者在穢土死後先受「中有」，坐在蓮華中，及至抵達極樂淨土的七寶池中，才受「生有」。懷感又解釋雖然在穢土轉生情況中，除了上述的「趣生」和「至生」之分別外，未托胎和已托胎，也是「中有」和「生有」之主要不同所在；但在往生淨土的情況中，「中有」和「生有」並無「有花」、「無花」的不同；由是不可因為往生者在往生前已經進入蓮華中，便推論他們在往生前已受「生有」，他們是以「生有」而非以「中有」往生。論到往生前在蓮華內的「中有」以及往生後在蓮華內的「生有」的識別何在，懷感表示它們雖然同在花中，然而彼此「勝劣（有）別，明晦有殊」。[25]

《俱舍論》等佛典在談到輪迴轉生的中有時，對其存在狀況有詳細申述，其中包括以下三點：

(1)衣服：趣生欲界的中有大部分不穿衣服，因為它們沒有慚愧心；趣生色界的中有全部都穿衣服，因為它們都有慚愧心。

---

24 《群疑論》卷二，《大正藏》卷四七，頁四〇下～四一上。

25 同上註，頁四一上。

(2)食物：所有中有都是以香養身，少福者食惡香，多福者食妙香。

(3)受生情狀：趣生地獄界的中有以頭下足上姿勢受生，趣生天界的中有以頭上足下姿勢受生，往生其他諸趣的中有以平身姿勢受生。[26]

懷感逐一推想往生極樂世界的中有在這三方面的情況：

(1)衣服：極樂淨土要較色界超勝，因此趣生那裏的中有當也穿衣服。

(2)食物：趣生極樂淨土的中有，頃刻之間便已往生，歷時既甚短暫，應當不須進食。又它們趣生時經過十萬億佛土，亦可以在空中食這些佛土之香氣。

(3)受生情狀：趣生色界勝過趣生欲界，因此趣生極樂淨土的中有當是以趣生色界的中有的姿勢——頭上足下——受生。不過他們是坐在蓮華內受生，取的是坐姿，這跟趣生色界的中有取的是站立姿勢有所不同。[27]

四、所乘蓮華的勝劣和蓮華開放的時節

26 參閱《俱舍論》卷九〈分別世品〉第三之二，《大正藏》卷二九，頁四六中～四七上。

27 參見《群疑論》卷二，《大正藏》卷四七，頁四一上～中。關於《群疑論》的中有說法和其背景，參閱金子寬哉：〈《群疑論》の思想背景——中有の説を中心として〉，收入塩入良道先生追悼論文集刊行會編：《天台思想と東アジア文化の研究》（東京：山喜房佛書林，一九九一年）。

根據《觀經》所記，在九品往生行者中，除了上品上生和上品中生分別是乘金剛臺和乘紫金臺往生外，其他都是乘蓮華往生。懷感認爲乘蓮華往生者既有品位高下之別，他們所乘的蓮華也應有勝劣之殊。他通過比較以下《觀經》對上品下生和下品下生兩種行者往生情況的記載，表達了這觀點：

上品下生者，……即自見身坐金蓮花，坐已華合，隨世尊後，即得往生七寶池中。[28]

下品下生者，……命終之時見金蓮華，猶如日輪，住其人前，如一念頃，即得往生極樂世界。[29]

上品下生和下品下生的行者，分別爲乘蓮華往生的行者中最超勝和最卑劣者。上引《觀經》對他們往生過程的記載，都提到金蓮華，於前者說「坐金蓮華」，於後者說「見金蓮華」。懷感中辯這並非表示兩者往生所乘的蓮華便是相同，就此舉出三種可能解釋。前兩種解釋指出《觀經》只提到下品下生者「見金蓮華」，沒有說他們「坐金蓮華」，可見他們跟上品下生者不一樣，不是坐金蓮華往生。至於他們所見的金蓮華，根據第一種解釋爲阿彌陀佛來迎時所坐的花，根據第二種解釋乃爲前導引領他們進入極樂淨土的花。第三種解釋則肯認下品下生者跟上品下生者同樣是乘金蓮華往生，不過前者所乘的爲小爲劣爲粗，後者所乘的爲大爲勝爲妙：

---

28 《觀無量壽佛經》，《大正藏》卷一二，頁三四五上。

29 同上註，頁三四六上。

此（下品下生）是坐花。雖同是金華，大小勝劣、莊嚴粗妙，自分二品蓮異，何妨亦有差殊也！[30]

又根據《觀經》，九品行者乘寶臺或蓮花往生後，除了上品上生者外，其他諸品都要依其品類高下的不同，停住在寶臺或蓮華內或長或短一段時期，待寶臺或蓮華啓開，才得以見阿彌陀佛，聽他說法，受用往生極樂淨土的勝益。《觀經》在細述各品行者停住時期久近之不同時，提到日、月、劫一類時間單位。懷感分「例」、「教」、「理」三方面，力證《觀經》所謂日、月、劫，不是指此方穢土短暫的日、月、劫，而是指彼方淨土悠長的日、月、劫。在「例」方面，他舉出諸天界爲例，指出佛經談到各天界時，其提及的日、月、年，都是指天界的日、月、年；好像說四大天王壽命五百歲，乃是指四天王的五百歲，每一歲相當於我們這世界的二億一萬六千年。如是類推，《觀經》談到極樂世界時，其提及的所有時間計，情形也應該是一樣。在「教」方面，懷感比較了《觀經》有關上品中生和上品下生兩類往生者住期的記載：

> 二教者，如上品中生言：「此紫金臺如大寶花，經宿即開」，[31]故知花開經宿者，用彼方晝夜，夜即華合，晝即華開；斯即半劫爲晝，爲華開之時；半劫爲夜，爲花合之分。顯彼上品中生之

30 《群疑論》卷七，《大正藏》卷四七，頁七一下。

31 《觀無量壽佛經》，《大正藏》卷一二，頁三四五上。

人華開時分，取彼經宿大寶花開之時也。上品中生一宿華開既然，上品下生「一日一夜蓮華乃開」，[32]故知還用彼方日夜也。……若彼大寶華開自取彼方日夜，上品中生華開同彼時節，上品下生一日一夜華開翻乃同於此方日月，上品中生華開乃晚上品下生之者，分華遲速，義乃乖違，理必不然。故知取彼日月也。日月既爾，劫亦可知。[33]

根據《觀經》所述，上品中生者所乘紫金臺「經宿即開」，上品下生者所乘金蓮華「一日一夜乃開」。懷感認爲在前者的情況，所謂「經宿」明顯是指極樂世界的一宿（一夜），相當於我們世界的半劫。由是他認爲於後者所謂「一日一夜」，也當是指極樂世界的一日一夜，相當於我們世界的一劫，而不能是指我們世界一日一夜；不然上品下生者所住蓮華比上品中生的還要早開放，這是說不通的。由是類推，《觀經》說下品中生者「經於六劫，蓮花乃敷」，[34]下品下生者「於蓮華中滿十二大劫，蓮華方開」，[35]其所謂「劫」，也當是指極樂世界的劫，而不是指我們世界的劫。在「理」方面，懷感依理推論不可能《觀經》所提到的「日」、「月」是表極樂世界的日月，而所提到的「劫」則是表我們

---

32 同上註，頁三四五上～中。

33 《群疑論》卷七，《大正藏》卷四七，頁七一下～七二上。

34 《觀無量壽佛經》，《大正藏》卷一二，頁三四六上。

35 同上註。

世界的劫：

> 三由理者，若日月華開乃用彼方日月，若經劫華開乃用此方劫數者，即中品中生七日華開，若望此方計當七劫，下品中生六劫方開，若望彼方計當六日，寧容中品華開之日遲於下品六劫華開耶？又下品上生經七七日，蓮華方開，亦遲下品中生四十三劫。以此道理進退推徵，故知彼劫不用此方劫也。[36]

根據《觀經》，中品中生者所乘蓮花「經於七日……乃敷」，[37]下品下生者所乘蓮華「經七七日……乃敷」，[38]而約極樂世界的一日相當於我們的世界的一劫計，它們分別經我們世界的七劫和四十九劫開放。那麼要是《觀經》所言的「劫」是指我們世界的劫，它們開放的時間，便比下品中生的六劫開放，分別要遲一劫和四十三劫，這是於理不合的。

懷感還爲所有乘蓮華往生者都要停住於蓮華內一段時期的情況，提供理由：

---

36 《群疑論》卷七，《大正藏》卷四七，頁七二上。

37 《觀無量壽佛經》，《大正藏》卷一二，頁三四五中。

38 同上註，頁三四五下。

39 見《觀無量壽佛經》，《大正藏》卷一二，頁三四六上。

准依下品下生，經十二大劫，蓮華方開，觀世音、大勢至以大悲音聲，爲其廣說諸法實相，除滅罪法。[39]以此准知，彼亦有罪障；由斯罪障，故經劫華開。不然者，何因九品行業不同，華開早晚各有差降也？[40]

《觀經》提到下品下生者在往生後，其所乘蓮華滿十二大劫方才開放，那時觀世音、大勢至菩薩便爲他們廣說諸法實相等除滅罪垢的教理。懷感以爲這顯示下品下生人，以至一切乘蓮華往生者，皆有罪垢；而他們所乘蓮華所以不能即時開敷，乃是因爲受到罪垢障礙。又罪垢依輕重程度不同，障礙力量有大小分別；這便解釋了何以品位不同的往生者，其所乘蓮華開放的時間有早晚之差異。或有疑既然往生者大都仍然有罪垢，那麼他們便當像娑婆穢土的罪垢眾生一樣，承受各樣苦報。懷感的回答是：

雖有罪種，以其前生發菩提心，至心稱念阿彌陀佛，諸罪消滅。縱有微細業種，不能爲異熟因，牽生苦果。唯以其業種極羸劣，故知念佛功德損其勢用。又以念佛功德之力，感得淨土殊勝之身；於彼身上，苦果無由而得現起。又以佛本願力，不得現行，但有餘障，障其蓮華不得速啓。……而此罪種，但有障華開力，無招苦報之功。[41]

---

40 《群疑論》卷七，《大正藏》卷四七，頁七二上。

41 同上註，頁七二上～中。

往生者雖然還有罪垢，但由於他們前生曾發菩提心，一心稱念阿彌陀佛，其粗重罪垢得以消滅，餘下的微細罪垢力量羸弱，不能牽引苦果。而且他們今生往生極樂世界，得淨土有情之殊勝之身，並有阿彌陀佛願力加護，苦果更是無由現起。總的說，他們所有罪垢的勢用，只足以障礙其所乘蓮華啓放，而不足以招致苦報。

第三節　極樂世界眾生的存在狀態

眾生往生極樂世界後，雖然可以受用本章第一節所述的多種勝益，但還未證入涅槃；懷感依佛教傳統生死、涅槃二分的構思，乃認爲他們仍然有生死。又談到輪迴界的生死，大乘經論往往提及「分段生死」和「變易生死」的分別。分段生死是三界內眾生所受的粗顯生死，以有漏業爲因，有壽命長短、形體大小的限制；變易生死是阿羅漢、辟支佛、大菩薩這些小乘、大乘聖者所受的微妙生死，以無漏的有分別業爲因，其壽命長短、形體大小可依意願變改，並沒有限制。懷感把這界別用在說明往生極樂世界眾生的生死上：

> 彼土菩薩八地以上，一向是於變易生死，七地已還、初果已上，或是分段，或是變易；直往三賢及十信等，皆唯分段。1

極樂世界眾生修行成佛的進階，有初後分別。根據懷感，在菩薩成佛前所經歷自下至上的十信、十住、十行、十迴向、十地這五十階位中，有些往生者還是停留在十信、或是十住、十行、十迴向（「直往

1　《群疑論》卷六，《大正藏》卷四七，頁六四中。

三賢」）這些初步階位，他們所承受的生死，要爲分段生死；有些往生者已進入十地中之初地、以至七地這些較高階位，他們所承受的生死，有些是分段，有些是變易。至於那些已進入八地或以上的最高階位的往生者，他們只會有變易生死。不過懷感又表示：

> 然（往生西方眾生）壽命無量無邊阿僧祇劫，三十二相眞金色身，虛無之身，無極之體，五通自在，微妙難思也。[2]

這段話表明所有極樂世界眾生的存在狀態都是同樣微妙，其壽命都是無量，其形體都是無極。如是極樂世界中的分段生死和變易生死便不能像輪迴世間的這樣，以壽量、體積的有限、無限來區分，而只能建立在業因的有漏、無漏之分別上。

在佛教思想裏，生死跟苦是分不開的，有生死便必然有苦。懷感既然認爲極樂世界的眾生有生死，因此也認爲他們有苦。就此他述及兩種解釋，它們都是環繞八苦（生苦、老苦、病苦、死苦、愛別離苦、怨憎會苦、求不得苦、五取蘊苦）和三苦（行苦、壞苦、苦苦）這些佛教流行的苦的分類設論。這兩種解釋都同意在八苦中，極樂世界的眾生只有「五取蘊苦」一種苦：極樂世界的眾生雖然有受生，但沒有托胎，不用忍受胎藏逼迫之苦，故無「生苦」；他們的形體不會衰損，故無「老苦」；他們的

---

[2] 同上註。

形體安穩，故無「病苦」；他們的壽命無量無邊，故無「死苦」；他們跟善友恆時相聚，故無「愛別離苦」；極樂世界沒有惡人，故他們無「怨憎會苦」；極樂世界資源無缺，故他們無「求不得苦」。只是他們還有分段、變易生死之身，受五蘊束縛，故仍然有「五取蘊苦」。至於「三苦」方面，第一種解釋表示極樂世界沒有引起痛苦的事，故此沒有「苦苦」（苦事產生的苦）。唯極樂世界還有分段、變易兩種生死，故仍然有「行苦」（事物無常所產生的苦）；極樂世界的喜樂事情有生住異滅，還會變壞，故仍然有「壞苦」（樂事過去所產生的苦）。第二種解釋同意極樂世界有「行苦」；不過它指出極樂世界的樂事是「常恆相續，無有間斷」，[3]一件樂事過去後，又有另一樂事相繼而起，永無中斷，因此極樂世界應該不但沒有「苦苦」，亦沒有「壞苦」。

懷感既然主張極樂世界的眾生有苦，他便須要解釋何以經論都說極樂世界「無有憂苦」，並據此給它「極樂」之名稱：

三苦之中唯有一苦，八苦之內亦唯有一苦。既三中無二，八中闕七，唯雖有餘一（苦），不名有苦。如《涅槃經》言：「如河少水，亦名無水；如食少鹽，亦名無鹽。」[4]……今此亦爾，

[3] 同上註，頁六五上。

[4] 參閱北本《涅槃經》卷一九〈梵行品〉第八之五，《大正藏》卷一二，頁四七五上。

縱有少苦，不妨得名爲「極樂」也。又逼迫不安，在身在心，名爲憂苦。彼土俱無，名爲「極樂」也。[5]

這引文啓始說「三苦之中唯有一苦，八苦之內亦唯有一苦」，可見在上述兩種對極樂世界的苦的分析中，懷感以第二種爲是。引文引述《涅槃經》所出例子，作出說明：《涅槃經》提到要是一條河水甚少，可形容它爲「無水」；要是一種食物鹽分甚少，可形容它爲「無鹽」。同樣，極樂世間在三苦和八苦中，僅有其中一苦；其苦甚少，故經論乃謂它「無有憂苦」，並給予它「極樂」的稱呼。況且常途所謂苦，多是指苦的感受。今極樂世界所有的「五取蘊苦」和「行苦」，不會逼迫眾生的身心，引起憂苦不安感覺，因此便說它是「無苦」。

懷感不但認爲極樂世界的眾生有苦，還認爲他們有煩惱：

迷理煩惱俱生起者，彼（生淨土者）亦得起，以是凡夫未悟甚深眞如實相，不妨得起。分別起者，彼不現行。論說分別我見緣邪教起，然彼無邪教，故不現行。我見是諸惑之本，本既不起，末惑不生。[6]

5 《群疑論》卷六，《大正藏》卷四七，頁六五上。

6 《群疑論》卷四，《大正藏》卷四七，頁五五上～中。

極樂世界的眾生還未成佛，未悟得甚深眞如實相。他們既然「迷理」，便應該有煩惱。又煩惱有「俱生起」和「分別起」兩種，前者爲與生俱來，是先天性；後者爲受邪教等外來影響而產生，是後天性。極樂世界沒有邪教等不良事物，因此那裏的眾生不會有我見這根本的分別起煩惱，從而亦沒有由我見衍生的各種枝末分別起煩惱。他們所有的煩惱，乃是俱生起煩惱。

要是極樂世界的眾生一如懷感所說，還有煩惱，那麼爲甚麼經論都說他們「不起諸惡」，不會作任何惡事？懷感的解釋是：

> 生彼凡夫雖未得聖果，（具眾煩惱），所有不善已不現行。然不善不行，自有多意：或緣聖道已起，斷彼隨眠；或修聖道方便，伏現行；或緣闕斯惡境，彼不得生；或以常遇善緣，無由造罪；或緣諸勝資，令過不生；或緣乘佛本願，惡不得起。雖有惑種，不得現行。……爲此眾緣，諸惡不起也。7

懷感稱極樂世界的眾生所具有俱生而來的煩惱爲「惑種」，即表示它們是迷染的習性。習性是要在因緣具足的情況下，才會顯現爲行爲。今極樂世界環境勝妙，那裏的眾生常遇勝緣，不遇惡境，兼且得到阿彌陀佛本願勝力加護，恆修聖法，正向佛道。在缺緣的情況下，他們的煩惱習氣永遠不會發用，

---

7 《群疑論》卷五，《大正藏》卷四七，頁六〇上～中。

生起惡行，故此乃說他們「不起諸惡」。

極樂世界的眾生最主要的特徵之一，是「唯有喜樂」。懷感把極樂淨土之樂跟我們這娑婆穢土之樂對比，以凸顯其殊勝：

> 穢土五欲增長貪心，造十惡業，輪迴惡趣。……淨佛國土雖有眾樂，順於出世無漏之心、大乘法樂、三昧定樂，非染著樂，故能導凡情，令增聖道。[8]

娑婆穢土之樂是來自欲望的滿足；它們會助長貪心，促使眾生造諸惡業，輪迴不斷。極樂淨土之樂則是來自聽聞佛法，修習禪定；它們沒有任何染著成分，能導引凡情趨向聖道，增長出世無漏之心。又有疑極樂世界的眾生恆常喜樂，又怎會有厭棄生死之苦、欣求涅槃之樂的意願，懷感的解釋是：

> 又願生之人，並是厭茲穢苦，欣求涅槃，方始樂往西方，行菩薩行。此已有欣厭之意，更生無退之方。豈須有苦縈身，方興寂滅之慮？又樂求涅槃，非唯厭苦，或聞諸佛功德不可思議，或聞六波羅蜜諸道品法，或覩諸大菩薩遊戲神通，或嗅妙香，或嘗美食，皆能進道，趣求涅槃。故背生死，向還寂滅，非唯一途。不可唯言無苦可厭，遂不許欣求涅槃也。[9]

---

8 《群疑論》卷四，《大正藏》卷四七，頁五六中。

9 同上註。

懷感首先指出極樂世界的眾生在前生先有厭生死苦、求涅槃樂之意願，方會願生西方淨土。既往生後，由於他們在修道上永不退轉，[10]因此其厭生死苦、求涅槃樂之意願不會退失，從而雖然現時沒有苦的感受刺激，他們仍會欣趣涅槃。懷感繼而指出欣求涅槃其實有多種原因，聽聞諸佛的不可思議功德、覩見諸大菩薩的大神通力，以至嗅佛國的妙香、嚐佛國的美食，皆會叫人趣向涅槃。苦受的存在並非嚮往涅槃的必須條件。

依《大經》所出阿彌陀佛的本願，極樂世界的眾生在修行道上爲永不退轉，唯是正定聚。[11]懷感對極樂世界眾生這些德性，有詳細說明。在不會退轉方面，他首先分述在娑婆穢土中「不退轉」的各重涵義：

> 然娑婆穢土聖少凡多，信希謗眾，根行淺者多遇退緣，邪風所扇，悉皆退轉。依諸經論，說有四退：一信退、二位退、三證退、四行退。
>
> 信退者，十信位中初五心位，猶有退生邪見、斷善根等，後位不然。位退者，十住位中前六心

---

10 關於極樂世界眾生在修道上永不退轉，參閱本節下文。

11 《大經》所出阿彌陀佛之四十八願中的第十一願說：「設我得佛，國中人天不住定聚，必至滅度者，不取正覺。」（卷上，《大正藏》卷一二，頁二六八上）第四十七願說：「設我得佛，他方國土諸菩薩眾聞我名字，不即得至不退轉者，不取正覺。」（同上，頁二六九中）

位，猶得退敗，作二乘等，後位不然。證退者，十地以前諸凡夫位，於前所證，尚有退失，十地不然。行退者，七地以前，於所聞行尚生怯劣，不能修學，不能於念念中恆修勝行，中間間起諸有漏煩惱、人法二執等心，名爲念退。八地菩薩入第三阿僧祇，無四種退。[12]

在娑婆穢土中，謗法者眾，惡緣又多，因此多有修道退轉情況。綜合經論所言，在菩薩修行所經歷的十信、十住、以至十地這五十階位中，可有四個不同階段的退轉，從而不退轉亦有四重分別：

一、信退：修行至十信階位的第五位的行者，猶會退轉，而有生邪見、斷善根等事；進入後位者則不然，而有第一重的不退轉。

二、位退：修行至十住階位的第六位的行者，猶會退轉爲二乘；進入後位者則不然，而有第二重的不退轉。

三、證退：修行至十地階位前的行者，猶會退失先前所證得的正道；進入十地階位者則不然，而有第三重的不退轉。

四、行退：修行至十地階位的第七位的行者，猶會有不能修學、起人、法二執等心情形；進入後位者則不然，而有第四重的不退轉。

懷感繼而通過對比，顯示極樂世界眾生不退轉這特點的殊義：

淨國土若入十信初五心、及未入十信一切眾生，論其信位雖未堅固，猶如輕毛；然無邪風之所扇動，令其退轉菩提之心、造眾重罪、輪迴惡趣。以闕退緣，無眾退具，唯有進道殊勝之緣，雖未入於阿鞞跋致之位（即不退轉位），而亦得名阿鞞跋致也。[13]

極樂淨土完全沒有惡緣，那裏的眾生不會受邪風所動，退失菩提心，[14]以至還造重罪，輪迴惡趣；而會於修行道上不斷前進。由是雖然那裏有些眾生還未證入上述娑婆穢土四重不退轉位中的最低一重（即十信位之第五位以上），仍然可以說一切極樂世界的眾生都是在修行道上永不退轉。

至於極樂世界的眾生唯是正定聚，懷感也是通過對比，界定其確義：

若穢土之中，小乘煖、頂、大乘十信等，以根不定，或遇惡緣，退造五逆，入「邪定聚」。「邪」者三惡道果也，「定」者五逆業因也。若人造五逆之因，決定無間墮三惡道，名「邪定聚」。若遇勝緣修道，得入不退轉位，名「正定聚」。「正」者涅槃，離繫擇滅果也；「定」者人、法二空，無漏聖道也。修得聖道，決定當證涅槃正果，離繫擇滅，名「正定聚」。餘名「不定聚」，以或能造邪定聚，或能修正定聚，在二不定，名「不定聚」。此之三類眾生，其數非一，故名為「聚」也。[15]

12 《群疑論》卷四，《大正藏》卷四七，頁五五中。

13 同上註，頁五五下。

「正定聚」跟「邪定聚」、「不定聚」合稱三聚。根據懷感，「三聚」指三類眾生。在娑婆穢土中，眾生的根器不定：他們有些遇惡緣，造殺父、殺母、殺阿羅漢、使佛身出血、破和合僧等重罪，來生決定墮入地獄、餓鬼、畜生三種惡道中，受苦無間，是爲「邪定聚」。有些遇善緣，修習勝道，得證人、法二空正理，進入上述四重不退轉中的最高一重，決定當證涅槃，是爲「正定聚」。其他的眾生，既未造邪定聚的重罪，亦未修正定聚的正業，不入這兩聚中任何一聚，是爲「不定聚」。至於極樂淨土的眾生做爲正定聚，懷感有如下說明：

> 今生西方，無有惡緣或造無間之罪，入邪定罪。位行雖淺，唯遇勝緣，念念進修大乘聖道，決定無退，故得名爲「正定聚」也。[16]

極樂世界沒有惡緣，因此那裏的眾生不會造重罪，成爲邪定聚。極樂世界唯有善緣，因此那裏的眾生有不少雖然未達至較高的修道階位，仍然必會不斷進修大乘聖道，決定不退轉，故此乃謂一切極樂世界的眾生都是正定聚。依以上懷感對極樂世界眾生的不退轉和正定聚的特性的解說，「不退轉」和「正

---

14 淨土教門非常重視發菩提心，視之爲往生之必須條件。參閱本書第一章第二節。

15 《群疑論》卷四，《大正藏》卷四七，頁五六上。

16 同上註。

定聚」作爲極樂淨土的眾生的形容，跟在作爲娑婆穢土的眾生的形容時，意義不一樣。由是懷感有以下訓示：

> 不得一一同彼娑婆退轉之處，判阿鞞跋致及正定聚位地高下，即令淨土無退轉處同於此方也。以淨、穢二土退、不退緣有、無差別故，於此非阿鞞跋致位，非正定聚位，生彼西方悉得名爲阿鞞跋致及正定聚也。[17]

最後要看懷感對極樂世界的眾生速證無上覺悟這特點的詮釋：

> 計此（娑婆穢土）苦中修道，一日可勝彼百年，然逢惡緣，多劫退轉，還復遲也。彼（極樂淨土）雖百年同此一日，唯進不退，得名速證無上菩提也。如人急行，多時停息，達前所遲；於此修道一日勝彼百年，佛不說此速證菩提也。如人緩行，中間無停住，速達前所，故名速證菩提也。[18]

娑婆穢土充滿苦惱，眾生要是在這惡劣環境下仍然能專心修學，其一日所得功德，要勝過極樂淨土的

---

17 同上註。

18 《群疑論》卷五，《大正藏》卷四七，頁五九下。

一百年；[19]然而由於娑婆穢土多有惡緣，使他們經常退轉，從而他們還是歷劫不得覺悟；就如人前行步伐雖然急促，要是途中時常休息，抵達目的地的時間便會很遲。極樂淨土充滿喜樂，在那裏修行所得的功德要遜於娑婆穢土；不過因爲那裏沒有惡緣，修行者祇會前進，不會後退，就此乃說他們速證覺悟；就如走路步伐雖然緩慢，要是途中不停住，抵達目的地的時間會較早。[20]依懷感這解釋，極樂世界的眾生速證無上覺悟這說法，是對比娑婆世界的眾生的晚證，從而提出；其所謂「速」，並沒有一蹴即就，不歷階次的涵義。

從上述懷感對極樂世界的眾生的存在狀態的析述，可見他在高張往生極樂世界的殊勝的同時，又容認極樂世界仍然有生死、苦和煩惱；並且認爲並非所有往生者都即時達至較高菩薩階位，可以速疾成佛。其教學取向是平實的，跟其師善導的著作所表現的理想格調迥異。

---

19 這說法見《無量壽經》卷下，《大正藏》卷一二，頁二七七中～下。

20 懷感還對在娑婆穢土和在極樂淨土修道之勝劣，作詳細比較。參見《群疑論》卷五，《大正藏》卷四七，頁五八上～下。

第四節　往生說評難的辯解

自南北朝末葉，隨著淨土教學逐漸流行，開始湧現對淨土教法的批評，其中不少跟往生問題有關。懷感的《群疑論》以釋疑體裁寫成，對當時廣受關注的這類評難，都有作出辯解，其中包括以下「著相」的指斥：

如《大品經》等說內空、外空、內外空等，今淨土即是外空，眾生即是內空，既爾有何眾生為能生？有何淨土為所生？又《維摩經》言：「諸佛國土亦復皆空。」[1]……《法花經》言：「諸法從本來，常自寂滅相。」[2]……如是等諸大乘經究竟了教，咸言諸法空寂。何因今日說有西方淨土，為所生之土，眾生為能生之人，勸人著相起行，依不了義經？此乃不得諸佛深義，取著有相，不名習學大乘法也。[3]

1 卷下〈香積佛品〉第一〇，《大正藏》卷一四，頁五五二中。
2 卷一〈方便品〉第二，《大正藏》卷九，頁八中。
3 《群疑論》卷一，《大正藏》卷四七，頁三五中。

問難者質疑《大品般若》、《維摩經》、《法華經》這些宣講大乘了義的經典，主張萬法皆空；依這主張，能生的眾生是空，所生的淨土亦是空，又何來往生之事？然而淨土宗人依從《觀經》、《大經》這類不了義經，乃謂有眾生爲能生的人，有極樂世界爲所生之處，教人願求往生；這是取著於有，有違佛陀說空的深意。懷感的答覆強調不了義教在佛陀普渡事業中的重要意義：

如向所說，大乘空義究竟了教，深生敬信，不敢誹謗。究竟出離二種生死，斷人、法執，證大涅槃，唯此一門，更無二路。小行菩薩、二乘、凡夫修菩薩行，欲求佛果，未證無生法忍，不免退轉輪迴；非無種種法門句義，依之修學，趣求出世。如何所引諸大乘經說畢竟空，破人、法相，唯此等教是眞佛說？今《觀經》等所說西方淨佛國土，勸諸眾生往生其國，此亦是於眞佛言教。既俱佛說，並爲眞語。何爲將彼空經，難斯淨教？信彼謗此，豈成理也！[4]

懷感肯認空的說法爲佛說的究竟了義，爲斷除對人和對法的執取、出離所有形式的生死、證得無上涅槃的不二法門。不過他表示一般凡夫、小乘人、以至小行菩薩未能體識空的說法之無實法生、無實法滅的意旨，以至歷劫迴轉。佛陀爲了濟度這些人，遂權宜設立種種「法門句義」，引導他們初步脫離流轉之苦。《觀經》等所盛倡的往生說法，正是這些法門句義之一種。它亦是出自佛口，爲「眞佛言

4 同上註，頁三五中～下。

教」，不可妄加排抑。

為了申明上述答覆中了義、不了義兩重佛說的構想，懷感援用了中觀學統流行的「二諦」和法相學統流行的「三性」觀念，作出說明：

然佛說法不離二諦：一俗諦、二第一義諦。「俗諦」是因緣生法，依他起性，非有似有；第一義諦是無相眞法，圓成實性，諸聖內證，妙有眞有。……佛或破眾生相，令歸無相，欲除人、法二執、見、修兩惑，偏明第一義諦，說一切皆空。欲令眾生捨凡成聖，斷惡修善，欲求淨土，厭離穢土，具說種種法界因果差別。……故教有二門，不可讀第一義諦之經畢竟無相之理，即謂淨土因果等教將非是佛眞言，不為究竟之教，便謗而不信也。不可讀種種因果差別言教，不信說一切空寂甚深般若波羅蜜多無相玄宗，便毀而不持也。此即於諸大乘經三藏聖教，有讚有毀，懷疑懷信，亦修善法亦造重罪，信不具足，名一闡提。[5]

這裏懷感根據中觀學統的創立人龍樹（活躍於公元二世紀）「諸佛依二諦，為眾生說法，一以世俗諦，二以第一義諦」的話，[6]把佛陀教法分為專明「第一義諦」和專明「俗諦」兩門。前者唱說一切法空，

5 同上註，頁三五下。

6 《中論》卷四〈四諦品〉第二四，《大正藏》卷三〇，頁三二下。

以求破除人、法兩種執，斷盡見、修兩種惑；[7] 其所彰顯那諸聖共證的無相悟境，為「真有妙有」，亦即三性中的「圓成實性」之所指。後者唱說種種因果差別，例如穢土淨土的差別，以求引導眾生斷惡修善，捨凡成聖；其所講示的差別法為因緣所生，為「似有非有」，是三性中的「依他起性」一類的存在。[8] 懷感告誡習學者對上述兩門佛陀教法，都應當同樣尊重，既不可因聽習捨棄穢土、往生淨土一類差別言教，便排毀一切空寂的無相玄理；亦不可因聽習一切空寂的無相玄理，而排毀捨棄穢土、往生淨土一類差別言教。其實它們同是佛陀所說，讚一毀一，是表示「信心不具足」；而信心不足乃是造重罪的一闡提的特點。[9] 以上懷感以第一義諦為表空、世諦為表有，這是中觀學統一貫的說法。[10]

---

7 「見惑」指見道所斷滅之迷惑，「修惑」指修道所斷滅之迷惑，兩者總括了佛教所說一切主要煩惱。

8 「三性」為法相學派所弘揚的印度佛教瑜伽行學統的基本觀念。「三性」指依他起性、遍計所執性、圓成實性。根據瑜伽行學統的唯識思想，萬法都是心識活動所變現，為依因待緣而有，這是「依他起性」。迷染凡夫周遍計度，妄執依他起的諸法為具有獨立實體，虛構出貌似客體的世界，這是「遍計所執性」。聖人經由化解計執，察見迷染有情所計取的客體世界，其實是無有實體，本來性空，從而得證無上覺悟，這是「圓成實性」。

9 佛教以「一闡提」稱呼極惡的眾生，而一闡提的主要過失之一是對佛陀及其教說沒有信心。大乘《涅槃經》便稱一闡提為「無信之人」。參見北本《涅槃經》卷五〈如來性品〉第四，《大正藏》卷一二，頁三九一下。

10 早期中觀學者青目在注釋本節註六所引龍樹有關二諦的偈語時便說：「世俗諦者，一切法性空，而世間顛倒，故生虛妄法，於世間是實。諸賢聖真知顛倒性，故知一切法皆空無生，於聖人是第一義諦，名為實。」（《中論》卷四〈四諦品〉第二四，《大正藏》卷三〇，頁三二下）

又中觀學統貫徹佛陀立教的中道精神，在高舉空爲第一義諦的同時，又告誡人不可偏取空；[11]進而表示無論空或有都是俗諦，第一義諦是非空非有。[12]懷感據此，乃謂問難者說淨土爲空，其實仍未超出俗諦範圍；佛陀是既不執取空、有二邊，而又因應不同眾生的不同需要，有時說有，有時說空，作爲入道的方便。如是看，淨土有、淨土空二說並無固定是非：

> 故說淨土佛國空者，皆俗；隨機令其入法，何是何非？[13]

中國淨土教門的形成，頗受中觀思想影響，[14]上引懷感兩節答難的話，反映了這點。

---

11 龍樹曾表示：「大聖說空法，爲離諸見故。若復見有空，諸佛所不化。」（《中論》卷二〈觀行品〉第一三，《大正藏》卷三〇，頁一八下）

12 中國的著名中觀學者吉藏（五四九～六二三）便曾說：「如來誠諦之言，依凡有說有，有不住有，有表不有；依聖無說無，無不住無，無表不無。此則有、無二，表非有非無不二。」（《二諦義》卷上，《大正藏》卷四五，頁七八下）

13 《群疑論》卷一，《大正藏》卷四七，頁三六上～中。

14 中國淨土教門的主要創立人曇鸞，便是深受中觀思想熏陶。參閱石田充之：〈曇鸞教學の背景とその基本的理念〉，收入龍谷大學眞宗學會（編）：《曇鸞教學の研究》（京都：永田文昌堂，一九七七年）；藤堂恭俊：〈淨土教に於ける中觀瑜伽の交涉〉，收入佛教大學（編）：《小西、高畠、前田三教授頌壽紀念：東洋學論叢》（京都：平樂寺書店，一九五二年），頁三四八～三五七。

另一常見對往生說法之責難，是它有違菩薩的慈悲精神：

> 夫菩薩修行，以利物爲懷。大慈悲心念念常起；理須身遊惡道，歷三途，愍彼沈淪，皆令離苦。今乃捨此穢方，願生淨土，自求己樂，不願利人。……棄而不救，絕無慈愍，豈成大士之心，方爲菩薩之行？[15]

責難者指出菩薩的特點是常懷慈悲，以利物爲務。他們憐愍輪迴界眾生沈淪苦海，因此常居穢土惡道中，幫助他們脫離困厄。今淨土教門教人捨離娑婆穢土，願生極樂淨土，這是只求自樂，不願利人，棄苦道眾生不救，豈是菩薩應有的態度？懷感回應如下：

> 夫發菩提心，修菩薩行，要須起大慈悲，憐愍含識，廣興濟度，拔苦施安。然行有淺深，根有上下。若深學菩薩，大悲增上，已得不退，不畏己損，唯欲益他。並多在穢方，廣行利物；少生淨土，親承聖眾。或淺行菩薩大智增上，猶有退轉，雖有悲愍苦惱眾生，隨遇惡緣，退菩薩行，造眾惡業，……此即二利俱失，自他並損。爲此願生淨土，離彼惡緣，親近聖尊，恒聞正法。……念念增進，無有退轉。……雖復拔苦之心念念不捨，自利之行是利他行本；本若不固，

15 《群疑論》卷五，《大正藏》卷四七，頁六一下。

末亦不堅。是以先須願生淨土，長養菩薩菩提根牙，令使堅牢，縱遇惡緣，亦無退轉。方可離斯淨土，還生娑婆，救攝無始沈淪……法界含靈。[16]

懷感同意修菩薩行者須發起大慈悲，以濟度一切眾生、救苦施安爲己任。然而菩薩根器有高下，修行有深淺。深行菩薩在覺悟道上已達至不退轉，己道已立，可以專注立人；由是他們不用往生淨土以親近聖眾，而大多留在娑婆穢土廣行利物。淺行菩薩雖亦常以利物爲念，但他們未達至不退轉，遇到惡緣會廣造惡業，不但損己，亦損及他人。他們己道未立，因此得先願生極樂世界，以求遠離惡緣，得逢聖尊，恆聞正法，念念增進；及至證得不退轉，方可貫徹其利物的本懷，離開極樂淨土，回到娑婆穢土，救拔沈淪的有情。蓋「自利之行是利他之本」，淨土教門斤斤以往生爲訓，乃是要先立其本，絕無重己輕他之意。

---

16 同上註。

第四章　往生極樂世界的法門：念佛和念佛三昧

第一節　往生極樂世界的法門

淨土教門既然以往生極樂世界爲歸向，對達成這歸向的方法的問題，自然非常關注。在淨土三部經中，《小經》特別舉出執持阿彌陀佛名號爲往生的法門：

若有善男子、善女人，聞說阿彌陀佛，執持名號，若一日，若二日，若三日，若四日，若五日，若六日，若七日，一心不亂，其人臨命終時，阿彌陀佛與諸聖眾現在其前，是人終時，心不顛倒，即得往生阿彌陀佛極樂國土。1

1. 《阿彌陀經》，《大正藏》卷一二，頁三四七中。

《大經》有三輩往生的說法，表示要是發無上菩提心，誠心願生極樂世界，一向專念阿彌陀佛，則無論像上輩行者般出家廣修功德，或像中輩行者般在家偶習善行，或像下輩行者般完全不作功德，都可以往生。[2]《觀經》則詳述三福和十六觀的往生行法。所謂「三福」，分別爲：

一、孝養父母，奉事師長，慈心不殺，行十善業。[3]

二、受持三歸，遵守戒律，不犯威儀。

三、發菩提心，深信因果，讀誦大乘經，勸人奉事佛道。

經文宣稱「欲生彼（西方極樂）國（土）者，當修三福」，並謂三福「乃是過去、未來、現在三世諸佛淨業正因」，[4]肯認它們爲往生的要門。至於「十六觀」，前十三種觀是觀想極樂世界、以及居於這世界的阿彌陀佛、觀音菩薩、大勢至菩薩的莊嚴相；後三種觀是觀想往生極樂世界的九品眾生的行相。[5]善導以爲十六觀的前十三種的主旨要在止息念慮，叫人凝心專注極樂淨土的功德莊嚴，乃是對應「靜定」根器的眾生而設立，稱之爲「定善」；以爲十六觀的後三種和三福的主旨在廢止惡行，建

---

2 有關「三輩」，參閱本書第一章第二節。

3 十善業指不造十惡業；而十惡業爲殺生、偷盜、邪淫、妄語、兩舌、惡口、綺語、貪欲、瞋恚、邪見。

4 《觀無量壽佛經》，《大正藏》卷一二，頁三四一下。

5 關於十六觀，見同上註，頁三四一下～三四六上。

立善行，乃是對應「散動」根器的眾生而設立，稱之為「散善」。[6]又在淨土三部經外，一些經論亦有談到往生極樂世界的途徑，其中較著名的，有《大寶積經》所記佛陀向彌勒菩薩所述的「發十種心」。這十種心為：

一、於諸眾生起大慈無損害心。
二、於諸眾生起大悲無逼惱心。
三、於佛正法生起不惜生命樂守護心。
四、於一切法生起勝忍無執著心。
五、不貪利養恭敬尊重淨意樂心。
六、求佛種智於一切時無忘失心。
七、於諸眾生尊重恭敬無下劣心。
八、不著世論於菩提分生決定心。
九、種諸善根無有雜染清淨之心。
十、於諸如來捨離諸相起隨念心。

---

[6] 關於善導把往生法門分為「定善」和「散善」兩類，見善導：《觀無量壽佛經疏》卷一，《大正藏》卷三七，頁二四六中。

經文表示：「若人於此十種心中隨成一心，樂欲往生彼（阿彌陀）佛世界，若不得生，無有是處」，[7]大力宣揚這十種心導人往生的勝力。

對於往生的行因，懷感有如下看法：

往生西方行門非一，或有三福，或十六觀，或九品往生，所業各別，俱悉得往生，淨土受生。《彌勒所問經》自陳十種往生之法，而亦得生；《觀經》自說下品下生臨命終時，稱佛十念，而得往生。各是聖教，互說往生淨土法門，皆成淨業。……往生亦復如是，非唯一行，生彼西方。故定、散兩門，備在《觀經》之說；三輩修福，出自《無量壽經》；唯念佛名，蓋是《阿彌陀》教。或持大乘妙典，或復孝養二親。世、出世之善根，定、非定之二業，只作兩持身、口二善，俱生淨土，豈局一門？[8]

淨土三部經和《大寶積經》，[9]都是出自佛陀金口；而從它們所講述的往生法門互有不同，可見往生之途徑有多種。無論是孝養雙親的世間善法，或是持頌大乘妙典的出世間善法；無論是前十三觀的「定

7 《大寶積經》卷九二〈發勝志樂會〉第二五之二，《大正藏》卷一一，頁五二八下。

8 《群疑論》卷五，《大正藏》卷四七，頁六一中。

9 《大寶積經．發勝志樂會》結束處說：「此經名為《發起菩薩殊勝志樂》，亦名《彌勒菩薩所問》。」（《大正藏》卷一一，頁五二八下）懷感在上引文採用了後一名稱。

善」法，或是後三觀和三福的「散善」法；以至簡單如以身禮敬阿彌陀佛之造像，以口稱唱阿彌陀佛之名號，皆可以是往生極樂世界之入路。

當時有些人以往生極樂世界得以超絕生死，正向佛果，當非住著事相、心有所得者所能達至，從而懷疑十六觀、稱佛名號這些行法的往生果效。懷感並不同意，說：

> 若能觀一切諸法畢竟空寂，無能觀所觀，離諸分別及不分別，作此觀察，得生西方，咸爲上輩生也。……然凡愚之人，在俗紛擾，不能廣習諸大乘經，觀第一義諦，作無所得觀。或復淨持禁戒，孝養尊親；或修行十善，專稱念佛；雖有所得，亦是不可思議殊勝功德，皆得往生西方淨土，如經具說。……故知往生既有品類差殊，修因亦有淺深各別，不可但言唯修無所得而得往生，有所得心不得生也。以往生者非唯聖人，凡夫亦生也。[10]

從《大經》唱說三輩往生，可見往生極樂世界的行者有不同品類。品類高的上輩行者智慧通達，能觀見一切法空。他們觀見能觀的自我爲空，所觀的所有對象——包括極樂世界和阿彌陀佛的功德、名號等——也是空，遠離各種分別，沒有任何得著，從而得以往生。至於品類較次的中輩行者，以至品類低劣的下輩行者，他們智慧不足，未能擺脫俗累，認識一切空的最高眞理。然而據經文所記，他們通

---

[10] 《群疑論》卷一，《大正藏》卷四七，頁三六中～下。

過實踐孝養雙親、持守禁戒、以至稱念佛名這些帶有得著成分的善行，也可得以往生。由是可見，無論是修習無所得行的聖人，或是修習有所得行的凡夫，都可得往生；往生的因行隨著往生行人品類差殊，有淺深差別，並不局限於無所得行一種。懷感還從說往生極樂佛土的因行有多門，進而說往生一切佛土的因行有多門，那時他轉而約佛土的差殊設論：

又佛淨土有理有事，有報有化，故修彼因，有種種異。生理淨土修無相因，生事淨土修有相因；生報淨土修無漏因，生化淨土修有漏因。土既有本末，因亦有勝劣。故非無相一因，得生一切淨土也。[11]

佛土有理佛土（相當於上文所述的法性土）、事佛土的不同，事佛土中又有報佛土、化佛土的分別（分別相當於上文所述的受用土和變化土），故此往生佛土的因行有種種差異：往生理佛土以無相行爲因，往生事佛土以有相行爲因；又有相行有無漏、有漏兩種，前者爲往生報佛土因行的性質，後者爲往生化佛土因行的性質。總之，隨著佛土本末層次不同，往生行因有勝劣殊別。並沒有一種因行，可以叫人往生所有層面的佛土。

---

11 同上註，頁三六下。

第二節　念佛法門

在各種往生極樂世界的行門中，懷感跟其先師道綽、善導一樣，特別重視念佛，時常教人專以念阿彌陀佛爲務。就此他有如下解釋：

> 行者一生修淨土業，非獨偏勸唯行念佛。然修行之者根有利鈍，學有淺深，故經分定、散兩門，人成九品差別。利根心靜之者，教修有相、無相之觀，平等甚深法門；若鈍根散亂之徒，唯行三福、三輩之業，匪唯偏勸念佛，亦修種種法門。如其不能廣行，念佛亦生淨土。[1]

無疑，往生極樂淨土的行業非唯一種；這從《觀經》和《大經》約根器利鈍，把修往生業者分爲九品和三輩，教利根者修習有相觀、無相觀、以至有無平等觀之深妙行法，[2]教鈍根者修習三福一類粗淺行法，便可得見。不過這兩種經又都提到有些眾生不能廣修眾多淨土業，表示要是他們能夠一心念佛，亦可得往生。如是看，念佛一種行已是往生的充足條件，其他諸行並非必須。懷感又澄清念佛並非一

---

1 《群疑論》卷五，《大正藏》卷四七，頁五九下。

2 關於有相觀和無相觀，參閱本節下文。

樣的事，而是有各種方式，能適應不同眾生的能力：

> 又念佛法門或深或淺，通定通散，大根少行，或得修行。「定」即始於凡夫，終乎十地，行念佛三昧，甚深微妙。《華嚴》、《涅槃》、《文殊般若》、《大集賢護》、《觀佛三昧》咸共稱讚不可思議。……「散」即一切眾生若行若坐，一切時處，皆得念佛，不妨諸務，乃至命終，亦成其行。[3]

念佛有深、淺不同層次。深的層次的念佛指《華嚴經》、《涅槃經》、《文殊般若經》、《大集經賢護分》、《觀佛三昧海經》所稱讚的念佛三昧，是要在特定地方，經過長時期，循步漸進地、專注地修習，才能達至，故稱爲「定」。[4]淺的層次的念佛在任何時地，或坐或行，以至命終之際，都可以修習，故稱爲「散」。也正因念佛有定、散等不同，故不論「大根少行，咸得修行」。此外，懷感強調他偏勸念佛的做法，是有眾多經文支持：

> 又修諸行往生西方，雖有聖言，經文說少；念佛得往生，其教極多。……今勸念佛，非是遮餘

---

3 《群疑論》卷五，《大正藏》卷四七，頁五九下～六〇上。

4 關於念佛三昧，詳見本章第四節。

所修妙行，只是念佛之者多經勸讚。[5]

在他舉出爲證的一系列經文中，有些是出自淨土三部經的，有些是出自其他大乘經的。其中大部分勸人念阿彌陀佛，亦有一些沒有特別指明要念何佛。[6]

---

5 《群疑論》卷五，《大正藏》卷四七，頁六〇上。

6 懷感所舉引的經證，包括：

一、《小經》在眾多往生行業中，唯說念阿彌陀佛一種。（見本章第一節註1引文）

二、《觀經》談到觀下品上生、下品中生、下品下生三類眾生的往生法門時，唯說念阿彌陀佛。（參見《大正藏》卷一二，頁三四五下～三四六上）

三、《大經》談到三輩眾生往生法門時，都提及專念阿彌陀佛。（參見卷下，《大正藏》卷一二，頁二七二中～下）

四、《般舟三昧經》教人七日七夜專念阿彌陀佛，過七日以後得見彼佛。（參見卷上〈行品〉第二，《大正藏》卷一三，頁九〇五上）

五、《大方等大集經賢護分》記阿彌陀佛說言：「若人發心求生此（佛國）者，常當繫心正念相續阿彌陀佛，便得生也。」（卷一〈思惟品〉第一，《大正藏》卷一三，頁八七六上～中）

六、《鼓音經》教眾生十日十夜念阿彌陀佛，命終可得往生其國。（參見〈陀羅尼雜集〉卷四，《大正藏》卷二一，頁五九八中～下）

七、《華嚴經》說：「念佛三昧必見佛，命終之後生佛前，見彼臨終勸念佛，又示尊像令瞻敬。」（卷七〈賢首菩薩品〉第八之二，《大正藏》卷九，頁四三七中）

八、《占察善惡業報經》說：「若人欲生他方現在淨國者，應當隨彼世界佛之名字，專意誦念，一心不亂。如上觀察者，決定得生彼佛淨國。」（卷下，《大正藏》卷一七，頁九〇八下～九〇九上）

前六種經特別提到念阿彌陀佛，後兩種經則泛說念佛。

既然念佛可以是念阿彌陀佛，也可以是念其他的佛，那麼淨土教門便有需要申明何以它勸人專念阿彌陀佛一佛。就此懷感提出兩個解釋，其第一個解釋爲：

此有二義。一釋云：念一切佛悉得無量功德，無有差別，……其實功德悉皆一種，但以淺識凡夫不能遍念，是以如來偏讚一佛之功德，令其至心攝念，其至心功德即多。……專心一佛，功德即多，由心專至也。[7]

這解釋指出無論念任何佛，所得功德是完全一樣；只是由於念佛要做到專心，功德方多，所以乃教人專念阿彌陀一佛。至於何以不專念其他一佛，第二個解釋提供了理由：

又有釋云：諸佛如來雖復功德悉皆平等，無有勝劣，然以眾生於其佛所，久昔已來結緣差別。……屬此佛者，至心稱念，功德即多，即來救拔；其不屬者，念功不多，亦不來救。[8]

這解釋表示不同眾生昔日跟不同的佛結緣；要是念所結緣的佛，功德即多，這佛會即時到來，加以救拔；要是念非結緣的佛，功德便不多，彼佛亦不會來救拯。其言下之意，是我們這娑婆穢土的眾生跟阿彌陀佛最爲有緣，故應以阿彌陀佛爲專念對象。

---

7 《群疑論》卷七，《大正藏》卷四七，頁七〇上。

8 同上註。

所謂念阿彌陀佛，在淨土三部經中，以至在早期中國淨土宗諸師的著作裏，主要是指以心思念阿彌陀佛和其國土的功德莊嚴相。懷感稱此爲「有相念佛」，把它跟另一方式的「無相念佛」對比。他假設有人這樣提問：

然此念（阿彌陀佛）所得功德甚多，爲由無所得心，做無相念阿彌陀佛眞實法身功德多耶？爲但以有所得心，作有相念報、化等身，功德亦多耶？[9]

問者提到兩種念阿彌陀佛的方式：一種以無所得心，念無相的阿彌陀佛法身；一種以有所得心，念有相的阿彌陀佛報、化等身；詢問以那一方式功德較多。懷感的回應爲：

俱悉多也。法身離相，萬德眞體，能以無所得心，體眞念佛，理然功德不可思議。如淺學之人，未能作其無相之念，但以有所得心，觀如來清淨色身殊勝相好恒沙萬德，至誠稱念，亦獲無邊殊勝功德。[10]

懷感回答兩種念佛方式的功德爲同樣多，顯示他接受發問裏所蘊涵「法」、「報」、「化」三重阿彌

9 同上註，頁七〇中。
10 同上註。

陀佛身的構思。懷感就念無相的阿彌陀佛法身爲適合深學之人，念有相之阿彌陀佛報、化等身爲適合淺學之人，而辯說兩者不可偏廢，這點他在其他地方有更詳細說明：

> 諸佛說法皆爲逗機。……然法身深妙，離有離無，四句並亡，百非俱喪。此即深學之士，能於第一義諦，心不驚動，然猶住著諸相，不亡分別之心。故此經訶有所得心，令除人、法二執，使觀無所得法，修念法身之佛。……若初學之人，捨邪歸正，發菩提心，願生淨土，於無得未解安心。或復觀空，言因果寂滅，遂即無心怖畏，更起蓋纏。若不爲其廣說善惡因果、淨穢差別、諸佛身相不可思議，何能發彼善心，怖斯罪障，厭茲穢土，欣彼淨方？注想白毫，諦觀諸相，滅除罪累，成彼勝因。[11]

懷感指出佛陀說法，「皆爲逗機」；而聽法者根機互異，故佛陀的教法萬殊。對那些深學之士，佛陀鑒於他們能夠接受性空的第一義諦，而不驚怖，於是便教以人空、法空的道理；並令他們修無得觀，在念佛時專念無相的法身佛。對那些初學的人，佛陀鑒於他們剛發菩提心，若教以空的究極眞理，會叫他們誤解沒有善惡因果，以至不怖畏輪迴生死之穢報；於是便向他們詳陳善惡、淨穢等事相的分別，並順應他們的有所得心，教他們思念報身佛、化身佛的諸功德莊嚴相，啓發其捨惡求善、厭穢欣淨之

---

11 《群疑論》卷五，《大正藏》卷四七，頁五六下～五七上。

意願。值得注意是懷感提到有相念佛調練初學者之心，為日後進修無相念佛打好基礎：

> 初學之人創初入道，……且教觀色，調練其心，後學方成，修進無相。譬如入海從淺至深，久學之人堪能進學彼無相觀。[12]

他又提到要斷盡煩惱障和所知障，[13]必須修無相念佛，修有相念佛只是初步準備工夫：

> 又欲斷二障，必修無相之念；今植彼因，亦修有相念佛。[14]

這些話顯示懷感在維護淨土教門所鼓吹的有相念佛方式的同時，又視這形式的念佛為過渡，而以無相的方式為念佛法門的極至。

淨土法門所謂念佛，除了是指思念阿彌陀佛及其國土的功德莊嚴相外，有時也是指思念阿彌陀佛的名號。又自從道綽、善導大力推動以口稱唱阿彌陀佛名字以來，亦有以「念佛」稱謂這種聲稱方法的情況。對這類跟阿彌陀佛名號有關的「念佛」，或有疑是跟佛教「名字虛假」之常訓的精神有違。懷感為它們申辯如下：

---

12 《群疑論》卷二，《大正藏》卷四七，頁三七中。

13 煩惱障、所知障分別是因我執、法執產生，它們的存在，叫眾生不斷輪迴生死，不能了知諸法實性。

14 《群疑論》卷七，《大正藏》卷四七，頁七〇下。

佛以愚夫執著，緣名生惑，或愛或恚，具造愆非，罵我讚我，起生起殺，具十惡業，顛墜三塗，故破彼惑情，言文字虛假。[15]

愚夫執著名字，讚之則喜，罵之則怒，妄生愛惡。貪愛、瞋恚等諸煩惱、殺生等諸惡業，許多時都是緣名字生起。佛陀主要是爲了摧破愚夫這惑情，倡說文字虛假，沒有實體。

若言名字無用，不能詮諸法體，亦應喚水火來，命男女至；彼即一一呼召，無有參差。故知筌蹄不空，魚兔斯得。[16]

文字雖然沒有實體，卻有詮表事物的作用，例如「火」之名表火非表水，「男」之名表男非表女。沒有名字做方便的筌蹄，佛陀便無由向眾生傳表眞理。

故使梵王啓請，轉正法輪；大聖應機，弘宣妙旨。三藏奧旨，煥爛於龍宮；十二部經，照彰於鷲嶺。人天凡聖，咸稟至言；五道四生，並遵遺訓；聽聞讀誦，利益弘深；稱念佛名，往生淨土。亦不得唯言名字虛假，不有詮說者也。[17]

---

15 《群疑論》卷二，《大正藏》卷四七，頁三八中。

16 同上註。

17 同上註，頁三八中～下。

佛陀轉正法輪，對應根機不同的眾生，弘宣種種勝妙教旨。其遺留下來的大量訓示，累積成門類眾多的聖典，叫眾生無論凡聖，皆可通過聽聞讀頌它們，獲得無量利益。這不是正印證了文字的重要性嗎？豈可以以文字虛假為理由，完全抹殺名字的功用，包括稱念阿彌陀佛名號的往生功用？

關於念阿彌陀佛往生，除了有方式不同的問題，還有時間長短的問題。《大經》和《觀經》在談到「下輩」和「下品下生」這些最低劣的往生行者時，分別表示他們在臨命終時短暫「一念」或「十念」阿彌陀佛，亦得往生。[18]然而《小經》又教人一日、以至七日執持阿彌陀佛名號，[19]《大經》更鼓勵人盡形壽一生專念阿彌陀佛。對於淨土三部經內所以存在這各種紛紜說法，懷感有如下解釋：

> 一念、十念、一日、七日、及與盡形，皆得往生極樂世界，並非虛談，悉是誠言。大聖世尊如語實語，豈有虛假而謬說耶？然念佛眾生聞淨土教有早有晚，發心之時有遲有速，或命有長短，故經說不同。若臨終之日方逢善友，教發心念佛，亦得往生。……有命未盡，經日始亡，或一日、二日，乃至經多日，能念佛名，一切不亂，即隨其命，教令一日等稱念佛名。如其壽命遐長，多日不夭，還教盡其壽命，令稱佛名。……故三本經文，俱勸念佛，各隨一義，教念有殊，彼此不妨，義無乖反。[20]

18 《無量壽經》卷下，《大正藏》卷一二，頁二七二下；《觀無量壽佛經》，《大正藏》卷一二，頁三四六上。

19 參見本章註1引文。

20 《群疑論》卷五，《大正藏》卷四七，頁五八上。

懷感認爲這些說法同樣是佛陀誠言，全非虛談。蓋由接受淨土教，發心念佛，至今期生命結束，其間經歷時間長短，是因人而異。有些人要到臨終時，方得蒙善友教導，發心念佛；佛陀乃勸勉以十念、以至一念念佛，亦得往生。有些人在發心念佛時，還有一日、十日、以至多日生命，佛陀便教令他們一日、十日、以至多日念佛。還有一些人壽命悠長，過久遠日子方命夭，佛陀遂訓示他們盡形壽念佛。總之，命限長短不同的眾生，只要各依佛陀的誠語，或一念、十念佛，或一日、多日念佛，或盡形壽念佛，都同樣可以往生。懷感又進一步澄清：

又此三別即三品修，上者說形，中者說日，下者說時。於九品中各多種，故雖並往生，咸無苦惱，花開、悟道早晚不同，經說有殊，由斯意也。[21]

雖然無論念佛時間長短，皆同樣可以往生，再無苦惱；然而往生方式的勝劣、往生後悟道的遲速，則不是沒有分殊。就此懷感把盡形、一日多日、一念十念這三種念佛時限，跟《觀經》所出的九品往生行者比配；以爲上三品的行者爲盡形念佛，中三品行者爲一日多日念佛，下三品行者爲一念十念佛；而從《觀經》說這九品往生者往生時所坐蓮花開放早晚不同（例如上品下生的須一日一夜，下品下生的要滿十二大劫）、往生後證道早晚不同（例如上品下者經三小劫證入歡喜地，[22]下品上生者則要經

---

21 同上註。

22 《華嚴經》析述菩薩修行成佛的過程，自下至上，有十信、十住、十行、十迴向、十地等五十二位，而「歡喜地」爲十地中的初地。

十小劫）；可見念佛時間的長短，對往生後的存在狀況是有所影響。

懷感雖然肯認長時間念佛者往生後的存在狀態要較短時間念佛為佳，但他更注意的，是宣示即使最短時間的一念念佛，亦足夠使人往生。他指出長時期多修習所得功德未必多，短時期少修習所得功德未必少，舉引《金剛經》稱揚敬信本經的功德的一段話作為證明：

自有長時多修而是少福，自有少時少修而是多福。其義如何？如《金剛般若》言：「初日分、中日分、後日分，各各以恒河沙等身命布施。如是無量百千萬億劫以身布施，若復有人聞此經典，信心不逆，其福勝彼等。」[23]「無量百千萬億劫」，時長也；「捨恒河沙等身」，修多也；一一皆害其命，苦多也。雖復具有三多，而其福少。「若復有人」，身少也；「聞此經典」，時少也；「信心不逆」，行少也；而得功德過逾前福。[24]

根據《金剛經》，一人一時聽聞《金剛經》而生起敬信之心，其所得功德，比起恒河沙那麼多眾生、於無量百千萬億劫那麼長時間、不斷布捨其身所積集的功德，要遠為多。由此可見，一時稱念阿彌陀佛，其為時雖短，其方法雖簡單，亦可以具足無上功德。又《法華經》表示受持觀世音菩薩名號，

---

23 《大正藏》卷八，頁七五〇下。

24 《群疑論》卷六，《大正藏》卷四七，頁六九中。

其功德跟受持六十二億菩薩名字平等無異；而《十輪經》表示一食頃禮拜供養地藏菩薩，其功德勝於百大劫禮拜供養觀音等菩薩；[25]懷感進而謂「若多劫中念地藏菩薩，不如一聲至心念阿彌陀佛，功德無量無邊也」，[26]借助佛典常用的對比論述手法，突出一聲專念阿彌陀佛功德之殊勝。

《觀經》談到九品往生行者中最卑劣的下三品行者時，提到他們多造惡業，本應墮諸惡趣，受苦無窮；然而因為他們在臨終時稱念阿彌陀佛的名號，念念中除卻億劫所造極重生死之罪，遂得以往生極樂世界。[27]可見念佛能叫人往生之主要原因之一，在於它能滅罪。懷感援用法相學統的種子觀念，說明這種作用：

若不念佛，此罪種子有勢力，能感當果惡趣之報。由念佛力，令其種子感果功能勢力衰微，不能招報，故名「罪滅」。雖有種子在本識中相續而起，無感報勢力，猶如羸瘦病人雖身復有，在於床上，無有起動執作功能。罪亦如是，無有勢力，能感當來惡趣之報，故名「滅」也。此滅種子勢力，非滅種子之體。[28]

---

25 參見《妙法蓮華經》卷七〈觀世音菩薩普門品〉第二五，《大正藏》卷九，頁五七上；《大乘大集地藏十輪經》卷一〈序品〉第一，《大正藏》卷一三，頁七二六上。

26 《群疑論》卷六，《大正藏》卷四七，頁六九中～下。

27 參見《大正藏》卷一二，頁三四五下～三四六上。

28 《群疑論》卷七，《大正藏》卷四七，頁七二下～七三上。

根據法相學統，造惡業會產生煩惱種子，攝藏於造惡業者的本識內，相續不斷，招引未來輪迴惡趣之果報。而依以上懷感的解釋，所謂念佛滅罪，不是說念佛能消滅造罪所產生的煩惱種子，而是說念佛之力能令煩惱種子感引惡趣的勢力衰微，以至不能起用；就如患病者身體臥在床上，完全失去活動能力。又煩惱種子本身既然沒有消滅，因此它們仍有感引惡果的可能：

> 由念佛等力，令無感報種子功能；後退不修善，更造惡業，亦令舊業更生感果功能相續。若復從此長遇勝緣，惡法漸微，善法漸盛，能入聖道，遂體永滅。[29]

念佛只能叫煩惱種子暫時失去招引惡報的功能；要是念佛者後來退墮，復造惡業，這功能又會恢復過來。因此懷感一方面主張一念往生，另方面又鼓勵行者長時修習善緣，令「惡法漸微，善法漸盛」，直至成佛，那時煩惱種子才會眞正永遠消滅。此外，懷感又指出正如念佛等善業有滅惡報的功用，同樣五逆十惡等重惡也有滅善報的功能：

> 故知善惡相違，更互相滅。如一生修善，能感善趣，垂終失念，起諸惡業，遂滅生來一切善品，垂此後惡，即落三塗。如有生來具諸不善，五逆十惡，無罪不造，臨終念佛，具足十聲，滅眾

---

[29] 同上註，頁七三上。

重罪，得生淨土。以此准知，觀諸行者至命終日，當須用心，勿起惡念，喪諸善品。專心念佛，往生淨土，經有誠教，可不信哉！[30]

懷感認爲善惡是彼此相違，互相消滅。既然《觀經》說一生造惡的行者因臨終十聲念佛，重罪得滅，而得往生；由是類推，一生習善的行者，要是臨終起諸惡業，其一切善品便會消亡，以至退墮三途。因此懷感勸導行者要時刻用心，直到臨終之日，勿起惡念，以免喪失先前修習念佛等善行所積集的諸善品法。

30 同上註，頁七三上～中。

第三節　臨終念佛

由於《觀經》提到下三品的重罪眾生，在臨命終時稱念阿彌陀佛名號，因而得以往生極樂世界，中國淨土教門推廣臨終念佛不遺餘力。懷感約勝、少、易、滅、緣、迎、生七方面，解釋何以不教臨終的人修習其他善法，唯獨教他們專念阿彌陀佛：

一、勝：在一切凡聖中，以佛最為尊勝，最堪充當眾生的歸依。

二、少：臨終之際的人，生命危在旦夕，不能修習言辭多的行法；而在諸行法中，以念佛言辭最少，因此特別適合他們。

三、易：臨終之際的人，百病纏身，氣力衰弱，很難習學；而在諸行法中，以念佛最簡易，因此較可採用。

四、滅：根據《觀經》，專念阿彌陀佛的名號，一念至誠，即能滅去億劫生死罪業，永絕輪迴三途之苦；[1]故此在眾多佛中，唯獨教令念阿彌陀佛。

五、緣：在眾多界中，以阿彌陀佛跟我們這娑婆世界的眾生最為有緣；他們不少在前生曾見聞供養阿

[1] 參見《大正藏》卷一二，頁三四五下～三四六上。

彌陀佛，具有念阿彌陀佛的宿因。

六、迎：《大經》和《小經》談及來迎的地方，提到阿彌陀佛跟其隨屬在念佛者臨終時，會出現在他們跟前，迎引他們進入極樂世界。[2]

七、生：《大經》所出的阿彌陀佛所許下的第十八願，保證了一切眾生只要在臨終時做到十念念阿彌陀佛，便可往生。[3]

又或有疑應教臨終者觀諸法實相，從而滅除所有煩惱，而不當只教念阿彌陀佛，教他們只能滅除粗重的煩惱，[4]懷感反駁如下：

> 然以四義，不可教其作實相也：一人惡、二法深、三苦逼、四時促。人惡者，此人生來未曾修善，但令念佛，猶恐未閑，況能解了諸法實相？法深者，二空眞如，法性平等，理致幽遠，卒做難成，不可教也。苦逼者，平生學人常修此觀，苦惱所逼，猶做不成，況乎此人生平來曾修習，眾苦纏繞，始教令修，理不可也。時促者，平生之日為其廣說諸法實相，多歲尋思，猶不能曉，況茲少選方始習求，必定不成，徒唐設教。[5]

---

2 參閱本書第三章第二節註6、7引文。

3 願文見本書第一章第二節註2引。又以上懷感七點之論見《群疑論》卷六，《大正藏》卷四七，頁六九上。

4 懷感認為往生極樂淨土的眾生仍然有煩惱。參閱本書第三章第三節。

5 《群疑論》卷七，《大正藏》卷四七，頁七〇下。

懷感分四點申示教臨終者觀諸法實相並不可行：

一、人惡：臨終者一生多做惡行，教令他們念佛尚且有困難，何況要他們觀諸法實相？

二、法深：人法二空、諸法平等這些實相之理深奧難懂，並非臨終倉卒之間可受教了解。

三、苦逼：平生修習實相觀者，在受苦惱所逼時，猶不能成觀，何況臨終者先前未曾修習，現時又為眾苦纏繞，又怎能實行？

四、時促：平生修習實相觀者，經多年尋思，仍有未通曉地方，何況臨終時方始倉皇求習，又怎會成功？

或有臨終者得悉臨終念佛可得往生後，即依教而行，罪得消滅；然而其生命並沒有即時結束，還經多日方始壽盡。那麼是否他們更須不斷念佛方可往生？還是不再念佛亦可往生？對這情況，懷感有如下看法：

> 得往生也。但以其人行業已成，罪垢消滅，縱延多日，亦得往生。然有二種：一者修福之後，多日未死，其人更不造重罪，時起諸無記心。此心不能招善惡報，故乘前念佛，即得往生。二者其人念佛之後，或多時不死，更興惡念，起不善業，此人多恐不生淨土。經言：一念瞋心障百千法門。又言：瞋恚之害，破諸善法；劫功德賊，無過瞋恚。其人雖有已前觀行念佛等善，皆為瞋恚所損，不得往生。……如經說言：終時造業，最先受報；死若心重者先受，輕重若等，

先者前受。此人爲後有罪多，恐不得生也。6

懷感認爲《觀經》既然明言臨終念佛可以滅億劫重罪，使人往生，那麼臨終者只要依教而行，縱使命延多日，不再念佛，亦當可得往生。不過他進而提到兩種情況：第一種情況是雖然不繼續念佛，但不再興起惡念、造不善業；這種人本著前時念佛所產生之福力，可以往生。第二種情況是不但不繼續念佛，更且興起惡念，造不善業；這種人則「多恐不能往生」。懷感引述佛經說言瞋恚會損滅功德、以及說言一生所造業最後者最先受報的話，作爲臨終念佛後再起惡念、再做惡業的人不能往生這看法的支持。

有人或疑既然一生造惡亦可通過臨終念佛而往生極樂，那麼現時大可放縱情欲，等到逝世前一聲念佛，同樣可以永離苦海，何勞一生辛苦修行？對這常見的疑問，懷感有詳細辯解：

一即汝欲願生淨佛國土，推欲避斯苦惱，生彼西方，不求無上菩提，不行菩薩之行，但欲縱情寶樹，恣意珍臺，不願悟無生。就此垂終一念也！若爲志佛果，證三菩提，愍諸有情，速證正覺。於此穢土，恐退菩提；就彼淨土，方增修妙行，登不退位，救苦眾生。方欲無間長時具修萬行，何爲今聞淨法，不肯修行，更事憍奢，廣行放逸，垂臨終日念佛生耶！7

6 同上註，頁七〇下～七一上。
7 《群疑論》卷五，《大正藏》卷四七，頁五九上～中。

懷感首先辨別兩種往生動機：一種動機是只想逃避娑婆穢土的苦惱，只希望盡享極樂淨土的豐樂，卻無意修習菩薩之慈悲行，不追求無上覺悟。懷感以不屑口吻，譏言持這錯誤動機的人不妨「垂終一念」。一種動機是想遠離娑婆穢土悟道後退墮之惡緣，得以憑藉極樂淨土之清淨環境，廣修眾善，速證佛果，從而可以更有效地普渡群生。持這正確動機的人矢志習學成聖，又怎會得聞臨終念佛往生之說後，便不再修行，廣行放逸，待垂終時方才念佛？

> 又若垂終念，長時稱名，功行不殊，悟道無別，可須任汝此言，推至在後。如其念增，念念增道，功不唐捐，罪業轉微，福德漸勝，成其上輩，速悟無生，利益不同，豈得唯修一念？8

懷感繼而表示要是念佛時間的長短對功行的深淺和悟道的遲速沒有影響，以上質疑或可成立。然而正如上述，念佛時間長短決定往生的品位，而品位越高的往生者的福德便越多，成佛便越快。既然念佛時間越長，所得利益便越多，又怎可但求臨終一念？

> 臨終念佛，雖亦得生，然此輩人萬不一往。或善友邂逅，未必相逢；或眾苦纏身，不遑念佛；或偏風不語，不得稱名；或狂亂失心，豈能注想；或忽逢水火，不暇至誠；或輒遇豺狼，以斯

8 同上註，頁五九中。

> 夭命；或逢值惡友，壞爾信心；或飲酒過差，惛眠致殞；或軍陣鬬戰，奄爾命終；或迥墜高巖，難修正行。眾多障難，率述難周。[9]

懷感還指出無疑臨終念佛可得往生，然而由於障難眾多，能依此而得往生者萬中無一。懷感舉出一系列這類障難的例子：包括未逢善友，教令念佛；逢值惡友，壞其信心；病苦所纏，不能稱念（如中風不能說話，失心不能思考）；飛來橫禍，歸命乏時（如遇上天災、水災、野獸災）；死於非命，忽爾辭世（如縱酒昏迷、戰陣遇害、墜巖喪命）等。由於上述諸理由，懷感告誡修學之徒千萬不可「一向不修，耽茲五欲，但言一念即生」，而當一生「晝夜精勤，學與時競」，直至「菩提常無退轉，利益弘廣」。[10]

---

9 同上註。
10 同上註，頁五九中～下。

第四節　念佛三昧

懷感既然鼓勵人要一生精勤念佛，由是他對如何做到長期集中精神念佛、以及由是達至的正定精神狀態——亦即念佛三昧，十方重視，在《群疑論》的最後一章，用了大量篇幅，討論這問題。

一、念佛三昧的意義和重要性

大乘佛典闡述菩薩諸修行法門時，往往提到念佛，並細述精勤念佛的利益，當中包括覩見所念佛及其國土、隨屬等。它們稱這爲「念佛三昧」，亦有稱之爲「一相三昧」、「觀佛三昧」、「思惟諸佛現前三昧」等。《群疑論》討論念佛三昧，一開始列舉倡說這種三昧的經論共十三種，以見其深受重視：

> 諸大乘經說此三昧，其文極眾。如《華嚴經》數處皆說念佛三昧，其文極廣。故《涅槃》、《觀佛三昧海》、《賢護》、《般舟三昧》、《觀經》、《鼓音聲王》、《大集月藏分》、《地藏十輪經》、《占察經》、《文殊般若》、《花首經》、《大智度論》等說。如《花首經》名「一相三昧」，《文殊般若》名一行三昧，《觀佛三昧海經》名「觀佛三昧」，《賢護經》名「思

惟諸佛現前三昧」。[1]

它特別引述其中三種經的有關章節：

《花首經》言：「如是菩薩於如來相及法界相，當如是觀，如是行，不離是緣。是時佛像即現在前，而為說法。」《文殊般若》言：「隨佛方所，端身正向，不取相貌，繫心一佛，專稱名字，念念無休息。即是念中能見過去、現在、未來三世諸佛。……是名一行三昧。」《涅槃經》言：「若人但能至心常修念佛三昧者，十方諸佛恒見此人，如現目前。」……勸諸行者，披尋聖教，自當得知也。[2]

上引經文都是講說如何通過至心念佛，或是觀想佛相，或是專稱佛名，從而得見佛現前。又《群疑論》稍後談到怎樣得知證得念佛三昧時，亦提到見佛，與及見佛的聖眾：

---

1 《群疑論》卷七，《大正藏》卷四七，頁七三中。

2 同上註。所引文分別見《佛說華手經》卷一〇〈法門品〉第二四，《大正藏》卷一六，頁二〇三下；《文殊師利所說摩訶般若波羅蜜經》卷下，《大正藏》卷八，頁七三一中；北本《涅槃經》卷一八〈梵行品〉第八之四，《大正藏》卷一二，頁四六九下。所引文跟原經本頗有出入，參閱金子寬哉：〈懷感の念佛三昧說〉，《淨土宗學研究》第五號（一九七一年），頁一四二～一四七。

行者平生雖種種修道，今入道場，學此三昧，遂得見佛。……其人常修此，行三昧不失，常見諸佛種種聖眾。如久不習，馳散五塵，失此三昧，即不見諸佛菩薩聖眾。[3]

凡此可見懷感心目中的「念佛三昧」，跟一般經論所說的無異，要為指一心念佛、與及從而獲得的見佛、見佛隨眾等神妙宗教經驗。

二、念佛三昧的行者

根據懷感，念佛三昧作為諸菩薩修行法門之一種，最適合初發心的菩薩修習，乃是菩薩道之入門：

此正是菩薩修道次第。何以知然？如《華嚴經》四十五說：「爾時文殊師利，如象王迴，觀善財童子，作如是言：「善哉！善哉！善男子，乃能發阿耨多羅三藐三菩提心，求善知識。」」如是等種種讚嘆，略為說法，即念往覓功德雲比丘，請學菩薩行，其功德雲比丘即教善財念佛三昧。故知第一善知識是文殊師利，觀發菩提之心；第二善知識功德雲比丘，即教念佛三昧。如是輾轉經百一十城，求善知識，一一善知識皆教一法門，乘一法門，後得一法門，悉是菩薩修學次第，故知發菩提心為萬行之首，此學念佛三昧為萬行之次。以此准知，念佛三昧正是初發心菩薩修學次第也。[4]

3 同上註，頁七五中。
4 同上註，頁七三中～下。《華嚴經》的記載參見六十卷《華嚴經》卷四六〈入法界品〉第三四之三，《大正藏》卷九，頁六八九中～六九〇中。

《華嚴經》通過記述善財童子訪尋菩薩道的過程，演述菩薩的修學次第。經中記載善財首先參見文殊菩薩，文殊菩薩教以觀發菩提心；繼而參見功德雲比丘，功德雲比丘教以念佛三昧；如是一共參見了五十三位善知識，各教他一種法門。由此可見，修菩薩道要以發菩提心爲首，念佛三昧爲次，進而遍習眾行；念佛三昧乃是菩薩入道之初門。

又懷感認爲念佛三昧不但是菩薩的修行法門，亦適合其他一切眾生修習。他廣引眾經，證明無論是聖人或是凡夫，無論是守戒者或是犯戒者，以至是犯五逆謗法之重戒者，都可以修得念佛三昧：

此三昧者，通聖及凡，持戒破戒，皆可學也。如《華嚴經》言功德雲比丘，此即是聖人大菩薩得念佛三昧也。如《賢護經》言：「若有比丘、比丘尼、優婆塞、優婆夷，清淨持戒，具足諸行」，[5]以此准知，持戒之人正是合修念佛三昧。……准《觀佛三昧海經》言：「此觀佛三昧，是一切眾生犯罪者藥，破戒者護。」若破戒之人不得此三昧者，何名「護」也？又下經言：「如來今者爲未來世五苦眾生、犯戒比丘、不善惡人、五逆誹謗，爲如是等說除罪法。……佛滅度後，濁惡世中諸眾生等欲除罪咎，乃至常懃修習觀佛三昧。」[6]故知破戒、五逆等惡人，悉可學得是三昧也。[7]

---

5 《大方等大集經賢護分》卷一〈思惟品〉第一之一，《大正藏》卷一三，頁八七五中。

6 《觀佛三昧海經》卷九〈本行品〉第八及〈觀像品〉第九，《大正藏》卷一五，頁六八九下及六九〇中。

7 《群疑論》卷七，《大正藏》卷四七，頁七三下。

懷感指出《華嚴經》記載功德雲比丘向善財童子講說他修習得念佛三昧的體驗，而功德雲大比丘是大菩薩，可見念佛三昧適合聖人修習。又《賢護經》講到踐行念佛三昧時，提到持清淨戒的出家和在家信眾，可見一般守戒的行者亦能夠修習念佛三昧。至而《觀佛三昧海經》說言念佛三昧為破戒者的保護，更且提到犯五逆罪、誹謗佛法的人欲除罪咎，當勤修念佛三昧；如是甚至犯戒的人，包括犯五逆謗法這些重戒的人，也可得修習念佛三昧。

懷感又提到當時不少人認為唯有高僧碩學方能修證念佛三昧境界，當聽到一些對佛法一無所知的普通善男信女，自謂一時念佛，便得見佛和其隨眾現前，便表示懷疑。懷感不同意這態度：

> 准教驗時，得何所怪？且如世尊在日，及佛滅度後，優婆毱多所度弟子，獲得道果，無量億千。或一坐聞經，得法眼淨；或因剃髮，聖道現前；或得掃忘帚，獲阿羅漢果；或七歲沙彌，是俱解脫；……皆由宿種解脫分善，過去已曾修習此道，今生暫爾聞法思惟，隨遇少緣，即能得道。8

懷感指出於佛陀及其弟子在生之時，得度眾生不可勝數。他們或在第一次聽聞聖教時，或在剃度之際，或在日用洗掃之間，得證解脫，以至七歲沙彌，也有這樣的情況。這是因為他們前生曾經修習佛道，

---

8 同上註，頁七四中～下。

深植解脫根本，由是在今生值遇少緣，便得覺悟。同樣，普羅信眾中有些前生曾修習念佛三昧，本來便具備見佛之緣；他們今生少時念佛，即可見佛，並沒有什麼值得驚怪。懷感進而表示學淺者反而較學深者容易進入三昧境界：

如也一心不亂，直心直行，無多思慮，一心念佛，即見世尊，不惜身命。俗間士女，或是幼童，聞善知識教令念佛，即便信受，如教專念，不多思惟，心易得定。如多想慮，三昧難成。故入道場，名僧大德廣閑經論，三昧不成。……良爲思義之徒，心多散亂矣。[9]

世俗士女和幼童信心單純，他們得聞念佛之教，立刻接受，專心習行，無多思慮，從而證入禪定較容易；反而經常跟隨名僧大德學習的人，廣讀經論，觀念知識多，從而思慮也多，心易馳散，要成就禪定便要困難許多。

三、念佛三昧的行法

關於念佛三昧的具體修習方法，懷感言之甚簡，只籠統說「修此三昧之者，皆須嚴飾道場，安置尊像，澡浴清淨，著新淨衣，日唯一食，不顧形命，專心念佛」，[10]然後把注意力集中在爲自撲懺悔、

---

[9] 同上註，頁七四下。

闇室念佛、勵聲念佛這三種行法辯解。蓋修念佛三昧前必須先潔淨處所，沐浴更衣，放置佛像；念佛時要全心全意，一日一食；這些大約是通途的說法；其中的細節安排，善導在其著作如《觀念法門》和《法事讚》等有清楚指示；先師既有誡訓，懷感便不再贅言。只是《觀經》有「五體投地，求哀懺悔」的話，[11]善導解釋爲「舉身投地」，「踊身投地」，以至其門下在懺悔時有全身撲地之習。[12]又懷感根據自身修習經驗，主張念佛要找暗室，聲音要響亮。這些都是較獨特新穎的做法，故此懷感覺得有解釋的必要。

在自撲懺悔方面，前人有把《觀經》所謂「五體」說爲是指頭頂、兩手和兩足；[13]有些人遂據此質疑全身投地的做法。懷感舉引《觀佛三昧海經》的記載爲之辯護：

---

10 同上註，頁七六中。

11 《大正藏》卷一二，頁三四一中。

12 《觀無量壽佛經疏》卷二，《大正藏》卷三七，頁二五七中～下。善導很重視懺悔，分之爲三品，表示誠心懺悔可叫重障消除：「懺悔有三品，（即）上中下。上品懺悔者，身毛孔中血流，眼中血出者，名上品懺悔。中品懺悔者，遍身熱汗從毛孔出，眼中血流者，名中品懺悔。下品懺悔者，遍身徹熱，眼中淚出者，名下品懺悔。此等三品雖有差別，即是久種解脫分善根人。……能如此懺者，不問久近，所有重障頓皆滅盡。」（《往生禮讚偈》，《大正藏》卷四七，頁四四七上）他在《觀念法門》中更廣引《觀佛三昧海經》談懺悔的話，內中提到「於佛像前自撲懺悔，如大山崩，婉轉於地」，「五體投地，如大山崩，號泣雨淚，合掌向佛」。（《大正藏》卷四七，頁二九上～中）如是善導門下很可能有撲地懺悔之習。有關淨土教門自撲懺悔的風習，參閱成瀨隆純：〈中國淨土教と自撲懺悔〉，《フィロソフィア》（早稻田大學）第七一號（一九八三年）。

如《觀佛三昧海經》第三說：佛從座起，令諸四眾觀佛色身。……如是四眾觀佛色身，所見不同，不得見佛眞金色身。發露悔過，懺悔諸罪，五體投地，如大山崩，自拔頭髮，舉身投地，婉轉自撲，鼻中血出，懺罪消滅，心眼得開。……[14]此豈不是懺悔經文自撲之心？無教輒爲，誠如所責；經言正作，其何怪哉？[15]

經文記佛陀向在座四眾示現色身，而四眾所覩各各不同，皆不能觀見佛眞金色身，從而悲傷悔過。經中形容他們懺悔時情景，提及他們「五體投地，如大山崩」，「舉身投地」，「婉轉投地」，因情懇志切，所懺之罪得滅，心眼得開。由是可見自撲之習是有經言印可，並非憑空構作，更無什麼可怪地方。

關於闇室念佛，懷感說：

稽其聖典，亦無至教。但修行之人，將斯闇室，絕諸視聽，心捨諸緣。初學之儔，約斯注想，易得三昧，不爾難成。[16]

---

13 參見淨影慧遠《觀無量壽經義疏》，《大正藏》卷三七，頁一七七下。

14 參見《觀佛三昧海經》卷三〈觀相品〉第三，《大正藏》卷一五，頁六六〇中～下。

15 《群疑論》卷七，《大正藏》卷四七，頁七六下。

16 同上註，頁七六中。

無疑經論並沒有闇室念佛的明訓，不過實際情況是當修行人，尤其是那些初學者，處於黑暗內室，跟外界隔絕，是會較容易捨去攀緣之心，更能集中精神念佛，從而得證三昧。

> 凡是世間欲思難事，未得解了，亂想難成；或掩室獨居，或閉目絕視，因茲恬靜，思事得成。此亦如斯，亂心難住，念佛三昧無由現前，故爲其闇室，行斯三昧。[17]

日常經驗告訴我們，在處理世事時遇到困難，思緒波動，問題會更難解決。那時如果找一靜室獨處，閉上眼睛，絕去視聽，叫心思寂止下來，所思事情往往得以成就。同樣，當修習念佛時，要是心亂不能制止，三昧便無由現前。爲了叫心不亂，念佛最好在闇室進行。

> 不學之輩，於此生疑；曾修習者，深將爲要。如處堂內，正念佛時，有少隙光，照斯闇室，心便緣此，浪起思惟；如絕斯明，一心不亂。此乃學者所知，非是浪爲斯法。[18]

懷感又舉出他一己修習念佛三昧的經驗爲證明。當他在內室念佛時，要是有一絲亮光，其心神便會以這亮光爲對象，不斷生起各種雜想。當他把亮光遮去，精神又會再專一過來，不那麼容易馳亂。

---

17 同上註。
18 同上註。

又如調鷹之法，縫目飼氈，令其無所瞻視，損於肥健之功，方始絕彼飛遊，往來調伏，將以遊獵，縱任隨人。三昧亦爾，初學之輩，馳心五欲，攀緣六塵，若不約斯闇室，無由得成三昧。後學成就，隨處遊行，不簡明闇，常能見佛，詎勞闇室而行念佛也？[19]

懷感又補充指出正如訓練獵鷹要先縫上牠的雙目，以免它四處瞻視而虛耗體力；及至適當時候，方教以飛翔捕獵方法；這樣便容易控制。念佛也是一樣，要先避居闇室，叫身心的欲望無由運作，對外境的攀緣無由興起；一朝三昧修成，那時不論身處何方，在明在暗，都常能見佛，也便不用訪求闇室了。

至於勵聲念佛的說法，懷感引述《觀經》和《大集經．日藏分》的說話作爲支持：

故《觀經》言：「是人苦逼，不遑念佛，善友教令可稱阿彌陀佛。如是至心，令聲不絕。」[20]豈非苦惱所逼，念想難成；令聲不絕，至心便得。今此出聲學念佛定，亦復如是，令聲不絕，遂得三昧，見佛聖眾，皎然常在目前。[21]

《觀經》談及下品下生的行者臨終時爲痛苦所迫，不能集中精神念佛，其朋友教令不斷發聲稱唱阿彌

---

19 同上註。

20 《大正藏》卷一二，頁三四六上。

21 《群疑論》卷七，《大正藏》卷四七，頁七六中～下。

陀佛的名字。由是可見聲念對精神專注有很大幫助。又聲念要響亮：

> 故《大集日藏分經》言：「大念見大佛，小念見小佛。」[22]大念者，大聲稱佛也；小念者，小聲稱佛也。斯即聖教，有何惑焉？[23]

《大集經．日藏分》曾表示「大念見大佛，小念見小佛」，可知大聲稱念的果效要比小聲的爲優勝。懷感以他個人的觀察和念佛者的經驗爲證：

> 現見即今諸修學者，唯須勵聲念佛，三昧易成；小聲念佛，遂多馳散。此乃學者所知，非外人之曉矣。子若不信，請試學焉；無得不修，但生疑惑矣。[24]

從觀察所見，勵聲念佛則三昧易成，小聲稱佛則心神易馳散。這也是學習念佛者普遍所有的經驗，不信者可親自嘗試，不可憑空反對。

四、念佛三昧的境界

---

22 《大集經》卷四三〈日藏分、念佛三昧品〉第一〇，《大正藏》卷一三，頁二八五下。

23 《群疑論》卷七，《大正藏》卷四七，頁七六下。

24 同上註。

懷感談論念佛三昧最詳細的地方，要爲修得念佛三昧者所證見的境界。從修得念佛三昧者事後狀述顯示，他們所覩見的境界各各不同，包括：

㈠有見佛土不見佛。

㈡有見佛不見佛土。

㈢有見佛亦見佛土。

㈣有見一切衆生業相。

懷感對這情況有如下解釋：

謹按《華嚴經》……功德雲比丘爲（善財童子）説念佛三昧法門，略説二十一種：言得淨心念佛三昧門，自心明了見一切佛；得嚴淨佛刹念佛三昧門，起一切佛刹無能壞者；得淨業念佛三昧門，見一切諸業如鏡中像；得圓滿普照念佛三昧門，悉能覩見一切諸佛及其眷屬嚴淨佛刹。[25]今日衆生雖言得念佛三昧，以根行淺，未能具足得一切念佛三昧，有得一者，有得二、三者，故所見境界寬狹不同。[26]

---

25 參見六十卷《華嚴經》卷四六〈入法界品〉第三四之三，《大正藏》卷九，頁六九〇上～中。

26 《群疑論》卷七，《大正藏》卷四七，頁七四上～中。

《華嚴經》記載功德雲比丘向善財童子講述念佛三昧，一共列舉了二十一種三昧及它們的相應境界，表示得「淨心念佛三昧」可得見一切佛，得「圓滿普照念佛三昧」可得見一切佛剎，得「嚴淨佛剎三昧」可得見一切佛及佛剎，得「淨業念佛三昧」可得見一切眾生諸業等。今時眾生雖說修得念佛三昧，但因根行尚淺，大都未能具足所有二十一種三昧，而有只得其中一種，其中二種、其中三種等各種情形，因此其所證見的境界或寬或狹，有種種分殊。

在念佛三昧所觀見的眾多境界中，最常被提及的乃是佛。懷感指出不同修得念佛三昧的行者所得見的佛身可以有殊別：

> 得無相念佛三昧，念法身佛；得有相念佛三昧，念報、化身佛。然准依《華嚴經》、《賢護經》、《般舟》、《觀佛三昧海》、《觀經》、《鼓音聲王》、《文殊般若》等，多明觀佛色身，名念佛三昧。又准《賢護經》第一卷，念阿彌陀佛，既得見已，阿彌陀佛爲其廣說諸法實相，謂一切法本來不壞，亦無壞者，以不壞色，乃至不壞識等，「如是乃至不念彼如來，亦不得彼如來。彼作如是念如來已，如是次第得空三昧，善男子！是名正念諸佛現前三昧也。」[27] 以此准知，前見阿彌陀佛色身，即是觀報、化色身念佛三昧也；後得空三昧，即是觀法身念佛三昧也。[28]

---

27 《大方等大集經賢護分》卷一〈思惟品〉第一之一，《大正藏》卷一三，頁八七六中。

28 《群疑論》卷七，《大正藏》卷四七，頁七三下～七四上。

這裏懷感約其所覩見佛身的不同，把念佛三昧分爲「有相念佛三昧」和「無相念佛三昧」兩種，前者所見的爲具形色相的報身佛或化身佛，後者所見的爲沒有形色相的法身佛。各種大乘佛經所狀述的念佛三昧，大都是前一種；只是《賢護經》在說示這種念佛三昧後，進而講說諸法實相爲空，教人「不念彼如來」，這則涉及後一種。對於這兩種念佛三昧形成的背景，懷感說：

又即以此義，諸修觀者，從粗至細，先做色身觀，後做法身觀，修學次第也。[29]

習學念佛三昧的人，從粗至細，先修習觀色身佛，後修習觀法身佛；由是他們修得念佛三昧時，是先得有相念佛三昧，後得無相念佛三昧；從而便有這兩種念佛三昧之分別的產生。

又懷感受到法相宗的唯識思想影響，聲稱念佛者在三昧中所得見佛的一切功德形相，皆是其自心所變現的影像：

案唯識之理，心外無別法，萬法萬相皆是心。……當用此心觀彼佛時，阿彌陀佛爲本性相，衆生觀心緣彼如來，不能心外見佛眞相。當觀心變作影像相，是影像相名曰「相分」，能觀之心是於「見分」，見、相兩分皆不離於「自證分」。見分之力，能現相分，故名「是心作佛」也。此相分即是自證分心，無別有體，故名「是心是佛」。欲觀如來一切功德，皆用自心所變影像。

29 同上註，頁七四上。

……故《賢護經》第二初言：「……今此三界唯心，是心有佛。何以故?隨彼心念，還自見心。今我從心見佛，我心作佛，我心是佛。……」《華嚴經》亦言：「心如工畫師，畫種種五陰，一切世間中，無法而不造。如心佛亦爾，如佛眾生然，心佛及眾生，此三無差別。」[30]

法相宗分析眾生心識的內在結構，提出「自證分」、「見分」、「相分」的界別，以前者表心識自體，以後二者分別表心識自體活動所產生的能知、所知兩方面。世人每認為有獨立存在的主體「我」和客體事「法」，而依法相宗所見，它們無非是心識所變起的假名相法，是分別依於見分、相分而呈現，並非離開心識而存在，這便是「唯識」。懷感印可法相宗這唯識說法，援引其自證分、見分、相分的界別，把念佛者所觀見的佛的形相，劃歸於念佛者之心識的相分，以為它們為念佛者自心所變做的影像。他還徵引《賢護經》「我心作佛，我心是佛」、與及《華嚴經》著名的「心如工畫師，畫種種五陰，……心佛及眾生，此三無差別」的話，作為其主張的教證。

又念佛三昧的境界除了佛身外，還有佛土。不少修得念佛三昧的行者都聲稱看見自己身在極樂淨土中。或有人懷疑他們今生未盡，而得見往生之事，這很可能是幻象。懷感對此有如下辯解：

---

30 《群疑論》卷六，《大正藏》卷四七，頁六六上～中。所引經文分別見《大方等大集經賢護分》卷二〈思惟品〉第一之二，《大正藏》卷一三，頁八七七中；六十卷《華嚴經》卷一〇〈夜摩天宮菩薩說偈品〉第一六，《大正藏》卷九，頁四六五下。

此非虛也！且如第十二普觀之中，「當起自心，生於西方，於蓮華中結跏趺坐，作蓮華合想，作蓮華開想。」[31]如是等豈是謬耶？此三昧中見身往生，亦復如是。……故隨所造善惡業緣，當生先熟，臨命終時，多此相現。信知行因剋果，果相現前，淨土華臺，隨品先現，斯類必爾，何須疑哉？因果相符，深須仰信之。[32]

懷感首先指出在《觀經》教人修的十六觀中，其第十三觀是觀想自己生於西方淨土，在蓮華中結跏趺坐，蓮華逐漸開放。經文既然督勵人於現時修得往生觀境，這又怎會是虛假？懷感繼而爲這觀境的出現提供解釋，表示念佛等善因不但能於未來成就往生之果報，亦可於現時成就往生的觀境，叫行者預先觀見其將來往生的世界的寶華、寶蓋等。既然今時的往生觀境是有它相應的因，不是憑空而起，它的眞確性當無可疑。

又除了佛身、佛土外，念佛三昧的境界還包括一切眾生業相。懷感把念佛三昧呈現一切眾生業相的作用，類比佛陀的十種智力中的「宿住隨念通力」和「死生通力」，提出以下解釋：

且「宿住隨念通」緣過去境。……故知過去五蘊是本性相，隨念通力緣彼過去，自心變現相分

31 《觀無量壽佛經》，《大正藏》卷一二，頁三四四中。

32 《群疑論》卷七，《大正藏》卷四七，頁七五上～中。

五蘊，忽以彼相，而現於前。……此法亦爾。或「死生通力」緣未來境，死此生彼。彼諸五蘊相，自心相分託彼眾生起報相續次第，而現在前，一無差錯。……此亦如是。隨自他思業曾所發身語所造善惡串習功能，於三昧中現眾影像，託彼業種，現罪福相。[33]

佛陀有大神通力，能取眾生過去五蘊所造業爲緣，於自心的相分變現相似的影像，呈現於前，以是能了知眾生過去所造一切業，此爲「宿住隨念通力」；又能取眾生現在和未來五蘊相續所做諸業，於自心相分變現相似的影像，呈現於前，以是能了知眾生在現在和未來所造一切業和其果報，此爲「死生通力」。念佛三昧的情況亦相似，一切眾生隨其思業，造做種種身業、語業，或善或惡；而修得念佛三昧者取它們爲緣，於自心中呈現其罪相福相。此外，懷感還舉出佛的大悲力，爲念佛三昧這境界的另一生因：

或是如來大悲之力，於三昧中爲現此相，令其修斷。[34]

佛陀以其大悲之力，令修得念佛三昧者於三昧中得見眾生一切善業及其福報、一切惡業及其罪報，從而有所警惕，繼續努力修善，以求斷去一切惡事。

---

33 同上註，頁七四下~七五上。

34 同上註，頁七五上。

五、念佛三昧的利益

懷感鼓勵學眾勤修念佛三昧，列舉了修得念佛三昧可以獲得的六種勝益：

㈠見聖眾：今生得見阿彌陀佛及其隨眾現前；要是白天不得見，晚上夢中必當得見。

㈡聞正法：以得見阿彌陀佛，由是得聞深妙佛法，謂一切法空，無生無滅。

㈢諸定根本：念佛三昧爲一切三昧之根本，修得念佛三昧，便可進而修得其他三昧。

㈣滅重罪：先前所造罪業，無論怎樣嚴重，都得以消滅。

㈤生淨土：今生過去，來生得往生極樂世界。

㈥當成佛：得往生極樂世界者，當來必得成佛。

他還引述《賢護經》以下的說話，以顯示除了上出六種主要利益外，念佛三昧還可以成就其他無量無邊利益，難以盡述：

> 若有菩薩具足修習如是（思惟諸佛現前）三昧，當得成就如上所問諸功德等，……更有無量無邊勝上功德，說不可盡。[35]

---

35 同上註，頁七六上。原經文見《大方等大集經賢護分》卷一〈思惟品〉第一，《大正藏》卷一三，頁八七四下。關於懷感的念佛三昧說法，金子寬哉有詳細析述。參閱氏著：〈懷感の念佛三昧說〉。

第五節　念佛和別時意趣

從上述所見，懷感跟其先師善導一樣，在眾多往生行門中，特別重視念佛；而他心目中的念佛，主要是指心念；尤其關注念佛三昧的問題。至於被善導標舉為正行中之正業的口稱佛名行法，懷感雖然亦有辯護，卻並沒有刻意加以表彰。後人每把念佛分為觀想和聲稱兩門，懷感所宣說的，主要為觀想門。

在結束本章討論前，我們要看看懷感對念佛往生為「別時意趣」這說法的回應。「別時意趣」的觀念出自無著的《攝大乘論》。論中提到佛陀設教的四種意趣，第二種為別時意趣，舉出持誦多寶佛名號可得不退轉、以及發願便得往生極樂世界之說法為例子：

> 二、別時意趣：謂如說言：若誦多寶如來名者，便於無上正等菩提，已得決定。又如說言：由唯發願，便得往生極樂世界。[1]

世親《攝大乘論釋》申釋其意如下：

---

[1] 卷中〈所知相分〉第三，《大正藏》卷三一，頁一四一上。

別時意趣者，謂此意趣令嬾惰者，由彼彼因，於彼彼法，精勤修習，彼彼善根皆得增長。此中意趣顯誦多寶如來名因，是昇進因。非唯誦名，便於無上正等菩提已得決定。如有說言由一金錢得千金錢，豈於一日，意在別時。由一金錢是得千因，故作此說。此亦如是。由唯發願，便得往生極樂世間，當知亦爾。2

根據世親的解釋，佛陀是爲了誘導懈怠眾生，方便說言持誦多寶佛名號者必定證得最高無上覺悟，發願者便得往生極樂世界；而其實單持誦多寶佛名號並不能決定成就覺悟，唯空口發願並不能往生極樂世界。佛陀所以這樣說，是鑒於持誦多寶佛名號和發願往生可以種下善因，要是再經不斷修行，積集善根，於「別時」未來便會分別證得不退轉和往生極樂世界。就如常途說「一本千利」，並非一個錢即時便獲得千倍利潤；而是說這一個錢經過長久經營，可以獲利千倍。持誦佛名作爲決定覺悟的因、發願作爲往生西方極樂的因，其情況也當如此了解。

無著《攝大乘論》以佛陀說言念誦多寶佛名號可得不退轉、發願便得往生極樂世界，爲「別時意趣」。依世親的解說，這是表示佛陀提出這些講法時，是「意」在未來「別時」，非在當下今時。在懷感的時代，有些人把這意義的「別時意」，援用來解說念阿彌陀佛跟往生極樂世界的關係：

2 卷五，《大正藏》卷三一，頁三四六中。

> 有釋者言：念佛、修十六觀等，即是發願。又有釋言：論師雖舉願，言意亦取其念佛，亦是別時之意。[3]

有些人以為《攝大乘論》所謂「發願」，其指涉範圍包括念佛、修十六觀等諸往生行法；有些人以為《攝大乘論》雖然只舉出發願一種往生法門，其意亦兼及念佛等其他往生行門。總之，他們都認為經論說言念阿彌陀佛可以往生極樂世界，其意要在久遠的未來，而非不久的來生；其實念阿彌陀佛者還須長期修習其他各種善行，多生積集功德，方能往生西方淨土。

懷感繼承淨土教門的傳統，極力強調念佛對往生的重要意義，聲言「如其不能廣行（眾行），念佛亦生淨土」。[4]今主張念佛為別時意趣者把念佛的往生果效，推延至遙遠的將來，更且表示念佛並非往生的充足條件，還須繼以廣修眾行，這自然非懷感所能接受。懷感對《攝大乘論》的別時意趣說法，有如下意見：

> 論言唯由發願者，是簡持義，簡去念佛之行，持取唯空發願，更無有行。孤有此願，故曰「唯由發願」。若唯發願而得生者，此即是別時意也。非即發願之時，終後即生淨土，故曰「別時

3　《群疑論》卷二，《大正藏》卷四七，頁三九上。
4　見本章第二節註1引文。

」。……論主說此「唯由發願」之言，意顯兼行非別時之意。……若以念佛行亦是別時，論文何因不言「如念阿彌陀佛得生西方者，此是別時也」？既不言以念佛、修十六觀、行三福善之文是別時之教，故知念佛等生西方，非別時之意也。[5]

懷感認爲《攝大乘論》謂佛陀說「唯由發願，便得往生極樂世界」是別時意趣，是要道出「簡持」的意思，指出要是「簡」去念佛之行，祇「持」取發願一門，便只能在久遠未來往生；言下之意，是要是發願又兼習念佛，便能在今生命終後即時往生。懷感又指出要是《攝大乘論》果然以爲念佛往生之說爲意在別時，何以它不明確道出，而只提到發願？今論中既無誠文，可見念佛往生並不是在別時。[6]

懷感約其「唯發願是別時意」的觀點，把眾生大別爲四類：

一、一類眾生雖然得聞淨土教門，卻誹謗詆毀。這類眾生不但不得往生，更會沈淪惡道，「全與西方遠也」。[7]

二、一類眾生雖聞淨土教門，深信不謗，卻因欲望熾盛，樂居穢土，亦不發願往生，亦不修習念佛等

5 《群疑論》卷二，《大正藏》卷四七，頁三九上。

6 以上懷感所明的「簡持」義，源出善導。善導對「別時意趣」的說明，見《觀無量壽佛經疏》卷一，《大正藏》卷三七，頁二五〇上。

7 《群疑論》卷二，《大正藏》卷四七，頁四〇上。

行。這類眾生要是修善，則轉生人界天界；要是行惡，則沈淪惡趣；「望生西方，亦爲遠矣」。[8]

三、一類眾生得聞淨土教門，敬信不疑，更且誓願不再求人天福報，唯求往生西方淨土。只是他們或因懈怠放逸，或因遇惡知識，或因重病失心等，以至空有願言，未曾修習淨行。這類眾生雖然於今生命終後不能往生，但因爲有發願勝力，爲久遠他時往生之因，佛經乃記說他們得生西方極樂。又鑒於有些人因是乃謂不須另修淨行，於是《攝大乘論》在申釋經意時，指出「唯發願是別時意」。

四、一類眾生得聞淨土教門，深生淨信，發願兼且修行。這類眾生由於具足願和行，命終後即得往生。

懷感的總結是：

> 佛對前二類人未得往生之日，故記發願之者而得往生；論師恐同行願具足即得往生人，故別分離唯願之人，是爲別時之意也。[9]

佛陀是爲了表明第三類眾生跟前兩類不同，會有往生之日，故說言發願者得往生；論師是恐怕有人誤會第三類眾生跟第四類相同，即將得往生，遂說明佛陀發願往生之說意在別時。懷感最後又提到：

---

8 同上註。

9 同上註，頁四〇中。

又《攝論》文別時意者，是報淨土唯願念佛，理未即生；若化淨土唯願念佛，必即得生。[10]

懷感澄清說第四類眾生因具足發願和念佛二門，即將得往生，這是指往生化淨土；至於往生報淨土，則仍未能成事。如是看來，要是約往生報淨土言，說具足發願和念佛二門者往生，也是「別時意趣」。

懷感還羅列八點理由，力證他對「別時意趣」的詮釋爲正確，反駁時人的謬釋：

一、論師造論的目的要在講解深奧的經教。今淨土三部經倡說念阿彌陀佛得生西方，文義淺顯，愚智皆曉，何用無著等論師爲之作解？由是可見無著提出「別時意趣」觀念，其意不在解說念佛往生。

二、法藏菩薩發四十八弘願，切望接引眾生往生西方，又怎會止於願求念佛者別時往生？況且法藏在許願時，說到要是念佛不能往生他便不取正覺，並沒有說要是發願不能往生他便不取正覺。可見念佛者依於法藏弘願之勝力，即得往生；而唯發願者因沒有法藏弘願之勝力爲憑藉，只能在別時往生。

三、《稱讚淨土經》（《小經》別本）記載釋迦佛在宣說念佛往生後，十方恒河沙數諸佛各各示現廣長舌相，證明這是誠言。[11]今要是釋迦說念佛往生意在久遠別時，其言易信，實不用眾佛出廣長舌加以印可。只因釋迦所謂念佛往生是一生以後即時發生之事，聽者難於信受，故諸佛才須要同

---

10 同上註。

11 參見《大正藏》卷一二，頁三五〇上～三五一上。

出廣長舌，以證其言不虛。

四、《小經》談到往生西方淨土的法門，先囑咐人「應當發願，願生彼國」，繼而叮嚀人「執持名號，若一日，……若七日，一心不亂」，最後表示要是能這樣做，「其人臨命終時，阿彌陀佛與諸聖賢眾現在其前，……即得往生阿彌陀佛極樂國土。」[12]要是如主張念佛往生爲別時之論者所說，發願包括了念佛，那麼經文前時已勸人發願，何須後時更勸人念佛？可見「行願相扶，（即）得生淨土」。[13]

五、除了《攝大乘論釋》外，世親的著作還有《往生論》，當中提到念佛得生極樂淨土，[14]完全沒有「別時意」的意思。兩論既是一人所造，陳義應當一致。由是可推知《攝大乘論釋》只以發願往生爲別時，並非以念佛往生爲別時。

六、世親在《往生論》舉出「五念門」爲往生的梁津，其中第二的讚嘆門和第四的觀察門，都跟念佛有關；而他又別出作願爲第三門，[15]可見他沒有視發願和往生爲一事。

---

12 《大正藏》卷一二，頁三四七中。

13 《群疑論》卷二，《大正藏》卷四七，頁三九中。

14 《往生論》說「修五念門成就者，畢竟得生安樂國土。」（《大正藏》卷二六，頁二三一中）而五念門中的「讚嘆門」和「觀察門」，都跟念佛有關。

15 參閱同上註。

七、除了淨土系經典外，其他不少權威經論都倡說念佛往生西方，亦不帶有「別時」意思。例如《大乘起信論》啓始述說本論的主旨，提到開「示」「專」心「念」佛之「方便」法門，使行者得以「生於佛前」；結束時又提到如來爲了攝取心志怯弱的行者，乃謂「以專意念佛因緣，隨願得生他方佛土」，[16]均沒有表示其所謂「生於佛前」、「得生他方佛土」，爲久遠未來的事情。

八、要是說念佛這往生法門是包括在發願一門內，那麼《觀經》所述其他如十六觀等往生法門，是否亦當等同視之？或當視它們爲獨立於發願之外的行法？要是前者，那麼《觀經》只說發願一種法門即可，何須分說十六觀等？前者既不可能，那便只可能是後者。又觀《觀經》談及十六觀中的地觀時，說「若觀是地者，除八十億劫生死之罪」；[17]談到念佛時，又說「於念念中，除八十億劫生死之罪」；[18]念佛跟十六觀的作用完全相同，那麼它便當跟十六觀一樣，是有別於發願的行法。[19]

---

16 參見《大正藏》卷三二，頁五七五下、五八三上。

17 《大正藏》卷一二，頁三四二上。

18 同上註，頁三四六上。

19 以上八點，見《群疑論》卷二，《大正藏》卷四七，頁三九中～四〇上。

第五章　往生極樂世界的衆生

本書第一章介紹懷感淨土教學的背景，指出淨土教門的一個主要特點爲包容，肯認一般凡夫，以至犯重罪的眾生，都可以通過實踐念佛等簡易行法，得以往生極樂世界。以下試申述懷感對這包容精神的發揮。

第一節　凡夫往生

懷感堅稱往生之門對所有眾生都是敞開的：

若能觀一切諸法畢竟空寂，無能觀所觀，離諸分別及不分別，作此觀察，得生西方，咸爲上輩生也。……然凡愚之人在俗紛擾，不能廣習諸大乘經，觀第一義諦，作無所得觀。或復淨持禁戒，孝養尊親；或修行十善，專稱念佛；雖有所得，亦是不可思議殊勝功德，皆得往生西方淨土。……以往生眾生有凡有聖，通小通大，有相無相，或定或散，利根鈍根，長時短時，多修少修，咸得往生，而有三輩九品差別，花開早晚有異，悟道遲速不同。[1]

有些眾生能觀見諸法空寂的正理，泯除所有分別念，包括能觀所觀、以至分別不分別之分別念。他們亦即《大經》所說那些智慧通達的上輩行者，可得往生西方。然而更多眾生未能擺脫世俗紛擾，證見最高眞理，達至無得觀境。而根據《大經》、《觀經》所言，他們要是持守禁戒，孝養雙親，或是修行十善，念佛稱名，同樣亦得往生西方淨土。總之，不論是小機鈍根的凡夫或是大機利根的聖人，不論他們是著相或是不著相，不論他們是修習散善法或是定善法，不論他們修習善法的時間是長是短、數目是多是少，依懷感所見，一樣可以往生，分別不過在於往生方式的勝劣和往生後悟道進程的遲速而已。

懷感聲言凡愚亦可往生。但《維摩經》說：「若菩薩欲得淨土，當淨其心，隨其心淨，則佛土淨」，[2]可見要往生佛土，內心必須完全清淨。今凡夫心中不淨念競起，無時暫停，又怎能居於往生者之列？懷感對此有這樣解釋：

> 淨土有多種，非是一途，有究竟淨心，有未究竟淨心；……諸佛如來逗機說法，或就究竟作語，

---

1 《群疑論》卷一，《大正藏》卷四七，頁三六中～下。

2 參見卷上〈佛國品〉第一，《大正藏》卷一四，頁五三八下。

或就未究竟爲語，如是等說，其義不定，不可唯依《維摩經》說究竟淨心十地之位心淨土淨之文，不信《觀經》伏現行惑，依藉他力，得生西方，云心不淨不生淨土。譬如得通之人方能凌空，何妨未得通人依得通者亦凌空也！又彼言淨，謂究竟淨心能爲他有情現無漏淨土；今往生淨土，謂依佛淨相而現其淨土。彼本此末，依他他依，師弟道殊，遂分勝劣。彼據勝說，此約下論，不相妨也。[3]

懷感指出佛陀因應不同機緣，有時約究竟淨心說淨土，有時約未究竟淨心說淨土。佛陀在演說《維摩經》時，是約究竟淨心說淨土，表示接近成佛的第十地菩薩，能以其究竟清淨之心，爲其他有情變現無漏的淨土。佛陀在演說《觀經》等淨土系經典時，則是約未究竟淨心說淨土，表示其心未究竟清淨的凡夫，可依藉阿彌陀佛弘願的他力，叫心中的煩惱習氣不現行，並變起相似佛心所變現的佛土，往生於其中；就如未得神通的人得到已得神通的人牽挽，可以凌空高舉一樣。要言之，前者是自「師」家的究竟角度談淨土，其所指涉的淨土爲「本」爲「勝」；後者是自「弟」子的非究竟角度談淨土，其所指涉的淨土爲「末」爲「劣」；兩者層次有別，不相妨礙。因此不當以前者爲據，質疑後者的凡夫往生之義。以上懷感的解釋，是以他力觀念爲根據，顯示懷感對這淨土教門的中心觀念的重視。

---

3 《群疑論》卷一，《大正藏》卷四七，頁三四上～中。

經論述說證入十地中的第三發光地的菩薩的勝力時，每提到他們能隨願往生諸佛土。[4]或有據此謂往生乃三地或以上菩薩之事，非一般凡夫企慕可及。懷感的回應是：

> 諸經論文說生淨土，各據一義，取捨不同。……淨土既有粗妙勝劣種種殊異不同，得生亦有種種上下階降：亦如《仁王經》說：唯佛一人居淨土，三賢十聖住果報土。[5]此即十地已還，並不得生於淨土。以佛大圓鏡智所現淨土是無漏，故名之爲「淨」；以第八識是果報識，故所變之土名「果報土」也。若約行施戒修，離無漏定障，能以定力處處淨土受生自在，即三地菩薩得定自在。故《瑜伽論》言三地菩薩方生淨土。若以得無分別智，斷人、法二執見道煩惱，證得遍滿法界，悟百法明門，得生諸佛淨土，則初地已上得生淨土。若以本願大悲，引一切凡愚眾生，乃至下品下生、五逆十惡，但發菩提心，悉得往生，具如經說。不可直依《瑜伽論》言三地得生，即謂初二地菩薩亦不得生淨土。……又初地菩薩依《仁王經》說，得百法明門，見百佛淨土。[6]如何言不得生淨土也？……故知《瑜伽論》文別據一相得定自在離障而說也。[7]

---

4 參見八十卷《華嚴經》卷三五〈十地品〉第二六之二，《大正藏》卷一〇，頁一八八下；《瑜伽師地論》卷四八〈菩薩地〉第一五，《大正藏》卷三〇，頁五五七下。

5 參見卷上〈菩薩行品〉第三，《大正藏》卷八，頁八三八上。

6 參見同上註，頁八三七上。

7 《群疑論》卷二，《大正藏》卷四七，頁三八下。

懷感表示淨土粗妙勝劣彼此不同，經論所據有別，取捨遂有歧異。他舉出四種淨土為例：

一、唯佛一人居住的淨土：這是佛的大圓鏡智所變現的淨土，[8]是完全無漏。所有未成佛的有情，包括已證入十地上位的菩薩，由於他們的心識是有漏，因此都不能變起這種淨土，往生其中。《仁王經》說「唯佛一人居淨土，三賢十聖住果報」，所講便是這種淨土。

二、三地菩薩往生的淨土：這是第三地的菩薩通過行施修戒，得出世間的無漏心，以無漏定力自在受生的淨土。《瑜伽師地論》等經論談到第三地菩薩時講到的淨土，便是屬於這種。

三、初地菩薩往生的淨土：這是初地菩薩以無分別心，斷除人我、法我二執，通達眾多法門，從而得以往生的諸淨土。《仁王經》說初地菩薩「住百佛剎，……修百法明門」，所講便是這種淨土。

四、凡愚眾生往生的淨土：這是一切凡愚眾生，依於阿彌陀佛大悲本願之力，只要發菩提心，悉可得往生的淨土。

既然凡愚往生的淨土跟三地菩薩的有別，也便不能據後者，而質疑凡愚往生的可能。

此外，淨土系典籍每誇言往生極樂淨土眾生神通力的殊勝，例如《大經》便提及他們可以「隨意欲見十方無量嚴淨佛土」。[9]或有謂此娑婆世界的小乘聖人如舍利弗、目犍連等，其神通力的運作範

---

8 關於「大圓鏡智」，參閱本書第三章第二節。

9 卷上，《大正藏》卷一二，頁二六九上。

圍，都不能越過這三千大千世界。今往生眾生的神通力既然遠較他們超勝，他們便不可能是一般凡夫，而只可以是大根大行菩薩。懷感認為這推論不合理：

> 此義不定，不可以穢土聖人所得五通，勝於淨土凡夫類也。……雖是凡夫，以受生業勝；或淨土報強，乘佛本願；或託聖威靈；或資生緣好；或獲大乘妙定。緣此得通，勝此方聖，何所怪也？[10]

懷感指出往生極樂世界的眾生的神通力所以超勝，原因可以有多種，例如令他們往生的正業或助緣殊勝、有阿彌陀佛之願力加持、先前曾修得大乘的勝妙禪定等。這並沒有值得奇怪的地方，更不可因此便推論往生極樂的眾生原來是大菩薩，而非凡夫。

又要注意懷感肯認能往生的凡夫，不僅包括人，也包括輪迴五趣裏其他趣的有情：

> 於五趣中，悉能修西方淨業，得生極樂。按諸天既能來聽《觀經》，下文言：「無量諸天、龍、夜叉，聞佛所說，皆大歡喜。」[11]《稱讚淨土經》列眾中，言無量諸天、阿索洛等，為聞法故，

---

10 《群疑論》卷六，《大正藏》卷四七，頁六四中。

11 《大正藏》卷一二，頁三四六中。

皆來聽法。[12]故知悉欲願生淨土，皆能習淨業，得生西方。又按《菩薩處胎經》第四卷說化生龍持八關齋戒，金翅鳥欲食不得。……金翅鳥隨龍往海龍王宮中，爾時龍子復與金翅鳥而說於偈。是時龍子、龍女心開意解，壽終之後，皆當往生阿彌陀佛國。[13]又按《隨願往生經》說：「若以亡者嚴身之具、堂宇、屋宅、園林、浴池以施三寶，此福最多，功德力強，可得拔彼地獄之殃。以是因緣，便得解脫憂苦之患，長得解脫，往生十方諸佛淨土。」[14]以此准知，五趣眾生悉得往生極樂國也。[15]

《觀經》和《稱讚淨土經》舉述佛陀演說淨土教時的隨眾，提及無量諸天；《菩薩處胎經》談到金翅鳥聞受龍子所說八關齋戒法，心開意解，命終當得往生彌陀佛國；《隨願往生經》盛言以亡者遺物布施三寶所得功德力之強勝，能令墮生地獄者脫離地獄之苦，往生十方佛土。懷感舉引這些佛經的話，力證五趣中上至天趣，下至畜生趣、地獄趣，均可得往生極樂淨土。

---

12 參見同上註，頁三四八下。
13 參見卷七〈八賢聖齋品〉第二八，同上註，頁一〇五〇下～一〇五一上。
14 《大正藏》卷二一，頁五三〇上。
15 《群疑論》卷二，《大正藏》卷四七，頁四〇下。

第二節　極惡往生

本書第一章講述淨土教學形成過程時，談及《大經》肯認不造功德的下輩眾生可以往生，《觀經》進而表示犯五逆十惡諸重罪的下品下生眾生也能夠往生；及至善導在解釋後一說法跟《大經》第十八念佛往生願中「唯除五逆、誹謗正法」的話之間的矛盾時，更且把犯誹謗佛法這最嚴重惡行的有情，亦包括入可得往生極樂淨土者的行列。懷感繼承善導這極惡往生思想，大力加以發揚。《佛藏經》及諸律典記載佛陀嚴斥破戒比丘，聲言他們「非我弟子，我非彼師」，不許他們進入僧舍和食用僧物。有此三階學者或疑破戒比丘於此方伽藍尚且不能容身，何況於他方的淨土？[1]懷感釋疑如下：

准依經律等，皆有開遮二門。……大小兩教，前說後說，與奪不同。……彼已前經律等是遮門；……或對未生慚愧懺悔罪愆之人；或是未發菩提之心，樂求生死五欲；或是樂居雜染穢土，輪轉三界受生；或是如來若不先說罪門，眾生無心怖罪，恒造諸惡；故須先說重愆，勸不造罪破戒。……今淨土教法，是發菩提心，深生慚愧，懺悔往罪，改修來善，樂離三界，欣生淨土，

---

1 在懷感的時代，三階教頗為流行，其教說跟淨土教多有衝突地方，出現了互相攻訐的現象，詳參閱本書第六章第二節。

乘佛本願，罪滅福生；深怖當來惡道苦報，隨順佛教，斷惡修善，於佛法內是第二健兒，作已能悔，諸佛所讚。……故此佛呵其破戒，彼佛讚言罪滅；此佛不攝受，彼佛即來迎。猶如父母教示男女，一呵其罪，或現瞋打；一與濡語，令其改悔。諸佛亦爾，或棄或取，悉欲成就利益眾生故；粗言及濡語，皆歸第一義。2

懷感解釋諸佛教化，有時用「遮」的方法，有時用「開」的方法。眾生沈迷生死界的欲樂，樂居雜染的娑婆穢土。佛陀鑒於他們未發菩提心，對自己的罪愆沒有慚愧悔改之意，要是不先強調他們過尤後果之嚴重，他們不會害怕，於是便用「遮」的教法，大力呵斥他們所犯的毀戒等罪，甚或表示要驅逐他們出僧門，以為阻嚇。及至有些眾生得聞淨土教，厭離輪迴三界之苦，欣求彌陀淨土之樂。佛陀鑒於這些眾生已經發菩提心，對昔日罪愆深感慚愧，誠心懺悔，不再造惡，廣修善行；乃改而用「開」的教法，大力稱揚修習淨土行之功德，表示甚或犯五逆十惡等重罪者，亦可以通過實踐它們，而得往生，以為鼓勵。就如父母教導子女，有時責備，有時安慰，都是為了他們的好處，令他們改過；同樣，佛陀度化眾生，有時說要擯棄，有時說要攝取，都是為了他們的利益，叫他們一同歸向第一義諦。佛陀其實並無意把任何眾生屏絕於佛門之外。

2 《群疑論》卷三，《大正藏》卷四七，頁四七下～四八上。

懷感還逐一爲造五逆、十惡、謗法這三種重罪的眾生可以得以往生，作出辯解。在五逆罪方面，有疑佛經既然每謂它們爲「時定報亦定」之業，那麼造這些惡業的有情，當決定於次生之時，受墜無間地獄之報，如何可以往生極樂？懷感的答覆是：

> 佛於九部不了教中，爲諸不信業果凡夫，密意說言有定報。對於大乘了義教中，說一切業悉皆不定。如《涅槃經》第十九卷云耆婆爲阿闍世王說懺悔法罪得滅：「又臣聞佛說修一善心，能破百種惡，如少毒藥能害眾生；少善亦爾，能破大惡。」[3]又第三十一云：……「或有重業可得作輕，或有輕業可得作重。……有智之人以智慧力，能令地獄極重之業現世輕受，愚癡之人現世輕業地獄重受。」[4]如是等諸大乘經論，咸說五逆罪等皆名不定業，悉得消滅。今《觀經》既是大乘經典，明念阿彌陀佛五逆罪滅，有何疑也？[6]
>
> ……《瑜伽論》說未得解脫名決定業，已得解脫名不定業。[5]

懷感表示佛陀是針對那些不信業果的凡夫，在演說小乘不了義教時，方便密意說言有決定受報之業。

3　參見北本《涅槃經》卷一九〈梵行品〉第八，《大正藏》卷一二，頁四七七下。
4　同上註卷三一〈師子吼菩薩品〉第一一，《大正藏》卷一二，頁五五〇上。
5　參見《瑜伽師地論》卷九四〈攝抉擇分〉，《大正藏》卷三〇，頁六三五下。

當佛陀演說大乘了義教時，他則一再申言一切業，包括殺父、殺母這些最嚴重惡業，其報應皆非決定。例如大乘《涅槃經》便宣言少善能破大惡，肯認阿闍世王因懺悔得以滅去弑父之罪，並表示智慧力能令來生轉生地獄極重惡報於今生輕受。又《瑜伽師地論》亦說言已得解脫者，其先前所造一切業，皆不決定受報。凡此可見，約大乘的究極觀點，先前造惡業所應受的惡報，可經由改過從善，而加以轉變。因此《觀經》謂造五逆罪的下品下生眾生，通過念阿彌陀佛，得以滅八十億劫生死之罪，於命終後往生，並無可疑地方。[6]

在十惡罪方面，有些三階學者質疑《十輪經》力斥造十惡輪罪者，謂他們爲一切諸佛所不救拯；何以《觀經》卻說下品下生眾生念佛滅十惡罪，得以往生？[7]懷感的答覆再次援用「遮」的觀念：

> 此不救言，爲是怖諸造罪之者。如來密意欲令畏罪，不敢爲非，恐造斯愆永沈苦海，佛既不救，遂不行非，故言不救耶？爲對此人造罪已，無慚愧懺悔，佛對於彼欲令懺悔，言不救耶？……計尋念佛重罪皆除，五逆十惡悉皆消滅。五逆經言定業，此定罪既滅除，十惡稱佛不救，何廢阿彌陀迎接？[8]

---

6 《群疑論》卷五，《大正藏》卷四七，頁六〇中～下。

7 詳參見《大乘大集地藏十輪經》卷四〈無依行品〉第三之二，《大正藏》卷一三，頁七四四下。

8 《群疑論》卷三，《大正藏》卷四七，頁四九中。

佛陀是爲了叫那些未造十惡者，得聞造十惡後果嚴重，不敢爲非；以及爲了叫那些已造十惡者，知所慚愧，誠心懺悔；遂權宜說言犯這些罪的眾生，爲諸佛所不救拔。又最深重的五逆罪被佛經稱爲定業，尚且可通過念佛滅除；那麼雖然造十惡罪者被佛經說爲是不可救拔，亦當無妨阿彌陀佛臨終來迎。

至於誹謗佛法方面，有些三階學者質疑《法華經》高張誹謗本經者之罪，說他們必「常生難處」，「永不見佛，眾聖之王」。[9]既然依《法華經》所言，謗法者常生苦難之所，永遠不能見佛，那麼他們怎能往生極樂世界，與阿彌陀佛見面。懷感的回應引述《觀經》的話爲反證：

《觀經》言：如此愚人，無惡不造，經歷地獄，受苦無窮。下言：念佛十聲，得生淨土。[10]若言常生難處不許便永離彼，彼既受苦無窮，寧得往生極樂？故知無窮苦報，罪滅便即有窮；常生難處，惡消何妨見佛？[11]

懷感指出《觀經》說下品下生人無惡不造，當無窮地承受地獄之苦；繼而表示他們因爲念佛十聲，便得往生彌陀樂土。既然無窮地獄苦報可以消滅，「常生難處」之報也應當一樣；謗法者只要修習淨土行，消滅彼報，便可往生。

---

9 《妙法蓮華經》卷二〈譬喻品〉第三，《大正藏》卷九，頁一五下。
10 詳參見本書第一章第二節註4引文。
11 《群疑論》卷四，《大正藏》卷四七，頁五〇中。

此外，《觀佛三昧海經》記載釋迦佛的五百弟子前生爲兄弟，廣習外典，誹謗佛法。及後同得重病，其父親教令稱念三寶。他們因爲敬重父親，稱唱南無佛，未及三稱，已經命終。他們由於念佛緣故，得生天上；及至天上壽盡，又以先前犯謗法之罪，而墮進大地獄。[12]有些三階學者據此質疑念佛是否可以滅罪，尤其是謗法這類重罪。懷感答覆如下：

彼雖念佛得生天宮，受天快樂，耽著五欲，更不修善，念佛福盡，還落三途。如箭射空，勢盡便墜；不乘本願，落惡趣中。今此往生極樂，蓮花開已，見佛聞法，漸漸進修諸道品法、六波羅蜜，念念恒行，無始罪愆悉皆消滅。……又彼雖念佛，不發無上菩提之心，求生淨土，慇懃慚愧。又本願言：更經三惡道者，不取正覺。又不至心，但依父命，故罪不滅，暫得生天，還沈惡趣。又謗法罪，准依《觀經》當下品下生，須具足十念，罪始滅除；彼不至心，復唯一念，故罪不滅，生天還墜。[13]

這段話舉出多種理由，解釋何以五百釋子未能消滅謗法罪報：

一、他們念佛是依從父命，不是出自誠心。

---

12 參閱卷三〈觀相品〉第三，《大正藏》卷一五，頁六六〇中～下。

13 《群疑論》卷四，《大正藏》卷四七，頁五一上。

二、他們未嘗發無上菩提心，求生極樂淨土，徹底懺悔往日罪愆。

三、他們只一念稱佛，沒有具足十念。[14]

四、他們沒有往生極樂世界，因此沒有阿彌陀佛本願力的加持，可以不轉生三惡道。[15]

五、他們得生天趣後，欲望熾盛，更不修善，因此當念佛福盡，便會退墮。

而往生極樂世界的眾生則不同，他們曾發無上菩提心，至心悔罪，具足十念；往生後又勤修佛法，並且得到彌陀本願之力護持。因是之故，他們先前所造一些罪報，包括謗法的罪報，都可以得以滅去。

《大經》所出的「念佛往生願」願言十方眾生十念得以往生，附有「唯除五逆、誹謗正法」的話；而《觀經》則聲言造五逆十惡罪的下品下生眾生十念可以往生；這一「除」一「取」之間的矛盾當怎樣解釋，流傳著各種不同看法。本書第一章曾述及善導借助「未造」「已造」的界別，來化解這矛盾；其解說突出兼造五逆、謗法兩種重罪的眾生，亦可得往生，把極惡往生思想推展至高峰。懷感對這矛盾亦作出處理，不過進路跟善導頗有不同。懷感的解說集中在五逆罪方面。首先他列舉古今大德的意見，共有十五家：

---

14 關於謗法者必須具足十念方可往生，詳見本節下文。

15 《大經》所出阿彌陀佛的四十八本願，第一爲無三惡趣願。這願保證往生極樂世界的有情，不會於壽終後墮生畜生、餓鬼、地獄三惡道。參見卷上，《大正藏》卷一二，頁二六七下。

一、《觀經》攝取的，是造五逆後懺悔者；《大經》排除的，是造五逆後不懺悔者。

二、《觀經》攝取的，是不經意造五逆者；《大經》排除的，是刻意造五逆者。

三、《觀經》攝取的，是唯造五逆罪者；《大經》排除的，是兼造五逆和謗法兩種罪者。[16]

四、《觀經》攝取的，是造跟五逆相類的罪者；《大經》排除的，是眞正造五逆罪者。

五、《觀經》攝取的，是發菩提心者；《大經》排除的，是不發菩提心者。

六、《觀經》攝取的，是至誠念阿彌陀佛者；《大經》排除的，是不至誠念阿彌陀佛者。

七、《觀經》攝取的，是已進入十信菩薩階位者；《大經》排除的，是未進入十信菩薩階位者。[17]

八、《觀經》攝取的，不是一闡提人；《大經》排除的，是一闡提人。[18]

九、《觀經》是對已造五逆的人，而說攝取；《大經》是對未造五逆的人，而說排除。[19]

十、《觀經》用「開」的方法教化，故說攝取；《大經》用「遮」的方法教化，故說排除。

---

16 這解釋出自曇鸞。參見曇鸞：《往生論註》卷上，《大正藏》卷四〇，頁八三四上～下。

17 「十信」位爲菩薩修行成佛過程的初階，其後還須經歷十住、十行、十迴向、十地等諸位。

18 「一闡提」又譯爲「樂欲者」、「大貪者」。根據大乘《涅槃經》，一闡提是罪惡最深重的有情。他們誹謗三寶，犯四重禁（淫、盜、殺人、妄語）和五逆罪，而無任何畏懼慚愧之意，以至斷盡所有善根，永遠不能出離生死。

19 這解釋出自善導。參見本書第一章第二節。

十一、《觀經》是配合五逆罪非決定受報這了義之說，而說攝取；《大經》是配合五逆罪決定受報這不了義之說，而說排除。

十二、《觀經》攝取的，是已修入煖位、頂位者；《大經》排除的，是未修入煖位、頂位者。[20]

十三、《觀經》攝取的，是已種解脫分善根者；《大經》排除的，是未種解脫分善根者。[21]

十四、《觀經》攝取的，是第二階人；《大經》排除的，是第三階人。[22]

十五、《觀經》專就具足十念者，而說攝取；《大經》通就具足十念者和不具足十念者，而說有所排除。

懷感特別對第一家作出批評，指出《觀經》清楚表明造五逆罪的下品下生眾生要是十聲稱名，可於念念中滅八十億劫生死之罪，而完全沒有提到懺悔；可見問題關鍵在念佛，而不在懺悔不懺悔。至於其他各家，包括出自善導的第九家，從他進而表示：「准此以下諸說等，一一徵詰，未是全得經意」，[23]可見他都不完全同意。唯從以下他所做解釋看，他基本上採納了第十五家的看法：

---

20 小乘佛教把解脫進程劃分爲見道前之「七賢位」和見道後之「七聖位」，而煖位、頂位乃是七賢位中的第四、第五位。

21 小乘佛教有「三分善根」之說，其中第二的「解脫分善根」，乃是在修入上註所提到的「七賢位」中的前三位時所樹立。

22 這說法當是出自三階教。關於這說法的意義和懷感對它的意見，詳見本書第六章第二節。

23 《群疑論》卷三，《大正藏》卷四七，頁四四上。

《觀經》取逆，經言「具足十念」，以具十念即得往生。《壽經》除逆，經言「乃至十念」，以乃至十念，不得往生。經既有「乃至」「具足」十念之言，豈得由諸義也？且如下品上生、下品中生，稱佛念佛，不言具足十念；一念已上悉皆得生，以罪少故，不要滿十。下品下生爲有逆罪，經即說言具足十念，得生淨土。《壽經》含此三品，總合而言，乃至十念，得生淨土。經意說言：若不造逆人，不論念之多少，一聲十聲，俱生淨土；如其造逆，必須滿十，闕一不生，故言「除」也。此即不造逆者，不限十聲，若少若多，俱生淨土；造逆之輩，即不得然，滿十即得生，少便不往。[24]

懷感指出《觀經》細述九品眾生往生之行因，談到下品上生、下品中生時，都沒有提到要「具足十念」，唯獨講到造五逆的下品下生行者時，方說言他們「具足十念」，乃得往生。這顯示造五逆者罪愆深重，必須念佛滿十聲，始可往生。至於《大經》的第十八願，並沒有分辨眾生品類，而特別提及「唯除五逆」；又沒有說「具足十念」，而說「乃至十念」；其意是願一切沒有造五逆的眾生，念佛次數不論多少，由少至一聲，乃至多至十聲，俱可往生淨土；只是那些曾造五逆罪者則例外，他們要是念佛不足十聲，便不能往生。統言之，《觀經》所攝取的造五逆者，是那些具足十念者；《大經》

24 同上註。

所排除的造五逆者，是那些未具足十念者；兩者「取」「除」的對象不同，因此彼此沒有衝突。

以上懷感對《大經》和《觀經》的念佛往生說法的矛盾地方所作解釋，是標舉「具足十念」爲造五逆罪者往生的必須條件。又《大經》上卷所出的「念佛往生願」既願言眾生「乃至十念」，皆得往生，唯除造五逆謗法罪者；而同經下卷則說眾生聞阿彌陀佛名號，敬信歡喜，「乃至一念」，即可往生，唯除造五逆謗法罪者。[25]懷感在處理這「乃至十念」和「乃至一念」之說的不一致時，同樣舉出「具足十念」這條件，以爲解說：

> 文雖有異，而義本同。願中「乃至十念」，此即以少至多；下言「乃至一念」，斯即以多至少。參差互舉，本無妨難。法藏比丘以少至多，而發願言，臨終之者忽遇勝緣，方勸稱佛往生淨土。或得稱佛一聲，已從後世；或得稱佛兩口，即就命終；或更得稱三、四、五、六，乃至七、八及與九、十，隨少隨多，皆生淨土。然此人生來不造五逆、誹謗正法，隨念多少，悉得往生；如造五逆、誹謗正法，忽遇勝緣，教令念佛，要滿十口，始得往生，一聲九聲遂便不往；故言乃至十念，除逆謗人。此乃約數言除，非是畢竟除也。久學讀已，解此願言；初學乍披，多迷斯旨，乃爲異釋，莫會宗途。大聖釋迦預知後代惑斯聖典，浪起推求，故言「乃至一念」，而

25 《大正藏》卷一二，頁二七二中。

願斯教若能多念，有重罪者皆生，乃至一念亦生，即除於逆謗。上下互說，顯教分明，欲令未來於教開悟也。[26]

懷感解釋《大經》上卷所出願文說「乃至十念」，是「以少至多」；其意是願眾生甚至臨終時稱佛一聲、二聲，乃至九聲、十聲，不論次數少多，皆得往生淨土。然而先決條件是他們沒有造過五逆、謗法這些重罪；要是曾造這些重罪者，則必須滿足十念，始得往生。有些初學者不明白願文之意，誤解「乃至十念」是說所有眾生念佛必須至十聲，方可往生；又誤解「除五逆、誹謗正法」之所謂「除」，爲全部永遠排除。釋迦預知會有這情況，遂在《大經》下卷「以多至少」，而說「乃至一念」；聲明一般眾生乃至臨終一聲念佛，便能往生；從而也表明造五逆、謗法這些重罪者若能多念，亦可往生。由是可見，前後經文雖然有「十念」「一念」的殊異，其陳義並沒有相違。要一提是以上解釋提到要滿足十念方得往生時，都是五逆、謗法並舉，清楚顯示懷感以爲「具足十念」這往生條件，亦適用於造謗法罪者。更重要的，是這解釋突出《大經》是「約」造五逆、謗法者念佛不足十「數」，而「言」排「除」，非是要「畢竟」排「除」；這顯示懷感設「具足十念」爲重罪者往生之必須條件，立場無疑不像善導不設任何條件般鮮明，但在肯認無論造罪如何深重的眾生皆有往生之入路這最重要的地方，

---

26 《群疑論》卷七，《大正藏》卷四七，頁七二中～下。

觀點跟善導並無二致。

最後還要辨明，雖然懷感主張一切眾生，包括凡夫和極惡者在內，都可以往生，但這並不表示他以為所有眾生最終全部往生。就是否一切眾生都會往生的問題，他引述了以下兩種說法：

此有二釋：

一釋：一切眾生悉令得生。以佛大悲心無限量，等起慈心，咸與利益，弘誓大願，不簡怨親，故一切有情無不生也。……雖盡令生，而眾生志願種種差別：或不信正法；或樂著小乘；或愛處穢方；或大悲拔苦，住茲穢土，拯救含生；或樂往生佗餘佛國，修行供養；如是種種異行異心，不可並令俱生極樂。……譬如一切眾生皆有佛性，雖當成佛，未必盡成。……

二釋：亦有不令生西方者………約有緣說，不據一切眾生總論。雖佛廣大心盡眾生界，然其受化唯度有緣。……故此往生之徒非遍一切者也。27

第一種說法首先本著佛教的慈悲普渡精神，主張原則上當肯認一切眾生皆得往生；繼而又指出實際上眾生志願各各不同：有些不信佛法，有些停留小乘階段；而大乘人中也有些為了大悲拔苦而甘願留住穢土，有些願生其他佛土而不願生彌陀佛土；此等「異行異心」的眾生，事實上並不會往生極樂世界。

27 《群疑論》卷六，《大正藏》卷四七，頁六二中。

這就如一切眾生皆有佛性，當可成佛，但事實上並非全部都成佛。第二種說法則純從事實層面立論，主張並非一切眾生皆得往生，因爲雖然佛陀的大悲心是無所不包涵，但他的教化只能對有緣者產生作用，無緣者（即是第一種說法所謂「異行異心」者）並不會依教起願習行而往生。由上述所見，這兩種說法一是一否，表面上互相衝突，其實第一種說法亦包括第二種說法之否的方面。又從懷感引述之兩種說法，都認定並非全部眾生都會往生極樂淨土，可見這當是他的主張。

第三節　九品往生者的證道階位

《觀經》把往生極樂世界的眾生，劃分爲「上品上生」至「下品下生」共九類。又佛教一向關注修行人品類的問題，流傳著各種不同說法，其中大乘佛典最常提到者，要爲小、大「二乘」的類別。大乘佛典還進一步對小乘、大乘兩類行者證道的進程，作出分析。在小乘方面，自下至上，提出「七賢」（五停心、別相念住、總相念住、煖、頂、忍、世第一法）、「四聖」（亦稱「四果」，即須陀洹果、斯陀含果、阿那含果、阿羅漢果）的界別；在大乘方面，自下至上，提出「十信」、「十住」、「十行」、「十迴向」、「十地」等界別。隨著《觀經》日益流行，論者嘗試將《觀經》的九品分類，跟上述大乘經論所經常提到的各證道階位，做出比配；而創其風者，要爲南北朝末葉的淨影寺慧遠（五二三～五九二），其說如下頁圖表所示。而從這圖表可見，慧遠把「九品」比配的諸證道階位中，包括大乘最高的「十地」和小乘最高的「四果」；顯示慧遠認爲往生極樂的眾生中，包括大、小二乘的

九品		證道階位
上品上生	大乘	十地中的第四地或以上
上品中生	〃	十地中的初、二、三地
上品下生	〃	十地前的各大乘階位
中品上生	小乘	四果中的前三果
中品中生	〃	七賢位
中品下生	〃	修習世福、求出離苦惱的世俗凡夫[1]
下品上生	大乘	始學大乘，隨過失輕重分三品，未有證道階位
下品中生	〃	
下品下生	〃	

1 這階段的修行人修持五戒十善，可感得人、天的可愛果報，從而可遠離地獄、餓鬼、畜生這三惡趣之苦。

賢聖。[2]這跟淨土教門視往生極樂之道是專爲末代鈍根而設的觀點，有所背謬，因而受到淨土系諸師的批評。善導便曾對慧遠所做各品的比配，逐一加以反駁，最後總結說：

又看此《觀經》定善及三輩上下文意，總是佛去世後五濁凡夫，但以遇緣有異，致令九品差別。何者？上品三人是遇大凡夫，中品三人是遇小凡夫，下品三人是遇惡凡夫。以惡業故，臨終藉善，乘佛願力，乃得往生。……欲使今時善惡凡夫，同沾九品，生信無疑，乘佛願力，悉得生也。[3]

善導表示九品往生眾生皆是濁世凡夫，就他們緣遇不同，而產生九品之別：其中遇大乘緣者爲上三品人，遇小乘緣者爲中三品人，遇惡緣者爲下三品人。又下三品人雖然遇惡緣，廣造惡業，由於他們在臨終時得交善友，教令念佛，憑藉阿彌陀佛的願力，同樣得以往生。很明顯地，善導是要透過對九品往生行者階位之問題的反思，突出淨土教門的「凡夫往生」和「極惡往生」的立場。[4]

---

2 有關淨影寺慧遠對九品往生行者之證道階位的分析，參閱望月信亨：《中國淨土教理史》，頁九九～一〇三；廖明活：《淨影慧遠思想述要》（臺北：學生書局，一九九九年），頁二〇五～二〇九。

3 《觀無量壽佛經疏》卷一，《大正藏》卷三七，頁二四九上～中。

4 有關善導對九品往生行者之證道階位的看法，參閱陳揚炯：《中國淨土宗通史》（南京：江蘇古籍出版社，二〇〇〇年），頁三〇七～三一二。

懷感對當時流傳有關九品往生行者的階位的各種說法，分「粗」、「細」兩門，作出說明。懷感所謂「粗」，是指對九品的上、中、下三類行者的階位的整體看法；懷感所謂「細」，是指對九品的上、中、下三類中每一品的行者的階位的個別看法。在「粗」方面，懷感舉出以下兩種說法：

一、以爲九品往生者都是十信階位菩薩，當中有些守住本位，有些已經退墮：「上三品」乃是那些不退墮，守住本位者。「中三品」乃是那些退墮小乘者，他們「退大乘心，發小乘意；退大乘行，修小乘業」。「下三品」乃是那些退墮凡夫者，他們「退大乘心，起生死心；退大乘行，造生死罪」。[5]

二、以「上三品」爲發大菩提心，修大乘行者。以「中三品」爲發小菩提心，修小乘行者。以「下三品」爲「不發大、小二乘心，不修大、小二乘行；唯起生死心，唯造生死罪」者。[6]

在「細」方面，於「上三品」懷感一共羅列六種說法：

一、以上品上生爲四、五、六地菩薩，上品中生爲初、二、三地菩薩，上品下生爲十地前三十心（即十迴向、十行、十住）菩薩。[7]

---

5 《群疑論》卷六，《大正藏》卷四七，頁六七中。

6 同上註。

7 這當爲淨影寺慧遠的主張。參閱本節上出圖表。

二、以上品上生爲十迴向菩薩，上品中生爲十行菩薩，上品下生爲十住菩薩。

三、以上品上生爲十地前三十心菩薩，上品中生爲十信末心菩薩，上品下生爲十信初心菩薩。

四、以上品上生爲十迴向、十行菩薩，上品中生爲十住菩薩，上品下生爲十信菩薩。

五、以上品上生爲十住初心菩薩，上品中生爲十信後位菩薩，下品下生爲十信初位菩薩。

六、以上品上生爲十信位菩薩，以及那些未入十信位，而能發三心、能修三行的行者。[8]以上品中生和上品下生爲未入十信位，而已經發菩提心、修習善行的凡夫。

懷感解釋所以有這麼多種異說出現，乃因《觀經》狀述上品上生往生者時，提及他們在往生後即時得聞諸菩薩演說妙法，悟得無生法忍。[9]而經論談到悟得無生法忍的階位，彼此出入甚大，有說是在七、八、九地，有說是在初地，有說是在十住位，有說是在十信位等。不同論者根據不同經論，作出推論，以至眾說紛紜。

關於「中三品」，懷感列舉了四種說法：

---

8 《觀經》談到上品上生往生者時，說他們發三種心，作三種行：「上品上生者，若有眾生，願生彼國者，發三種心，即便往生。何等爲三？一者至誠心、二者深心、三者迴向發願心。……復有三種眾生，當得往生。何等爲三？一者慈心不殺，具諸戒行；二者讀誦大乘方等經典；三者修行六念，迴向發願，生彼佛國。」（《大正藏》卷一二，頁三四四下）

9 參見同上註，頁三四四下～三四五上。「無生法忍」者，是說諦解萬法無生無滅的道理，能做到不動搖。

一、以中品上生爲四果中的前三果人，中品中生爲七賢位人，中品下生爲曾經修習解脫道的善根凡夫。[9]

二、以中品上生爲七賢位中的忍位人，中品中生爲七賢位中的頂位人，中品下生爲七賢位中的煖位人。

三、以中品上生爲七賢位中的煖、頂、忍位人，中品中生爲七賢位中的前三位人，中品下生爲曾修習解脫道的善根凡人。

四、以中三品人皆爲曾修習解脫道的善根凡夫。他們都未進入證道階段，約他們之間有持戒深、持戒淺、不持戒而但修世間善行之不同，而作上、中、下三品之分。

至於「下三品」，大概因爲時人對其看法分歧不大，懷感只提到一種說法：

> 下三品人只由遇緣造罪多少輕重不同，分成下三品，無別位地也。[10]

下三品人乃是造罪凡夫。他們沒有證道階位，只約造罪多少輕重不同，劃分上、中、下。

懷感把各種對九品往生行者證道階位的不同說法，分「粗」、「細」兩組，平排並列，並沒有進一步評論其是非。唯他繼而提到有人質疑既然依阿彌陀佛的本願，所有極樂世界的眾生皆永不退轉，[11]何以《觀經》卻謂上品中生行者在往生後要經過七日，方「於阿耨多羅三藐三菩提得不退轉」；[12]而

---

10 這當爲淨影寺慧遠的主張。參閱本節上出圖表。

11 《群疑論》卷六，《大正藏》卷四七，頁六七下。

12 參閱本書第三章第三節註一一所出阿彌陀佛的第四十七本願。

作出以下回應：

> 此上品中生人，十信五心已前人。十信第六心名不退心，生經七日，得彼第六不退之心，故名於菩提得不退轉。初往生時即名不退者，此約處不退說。[13]

懷感解釋上品中生乃是達至十信階位中之第五位以前的行者，而由於行者要達至十信階位之第六位，方可證得最初一重的不退轉，[14]故此他們在往生後，要再經過七日，才眞正於阿耨多羅三藐三菩提得不退轉。至於阿彌陀佛之本願所願言的不退轉，是指所有極樂世界的眾生由於不會遇上惡緣，因此不會退失菩提心，從極樂世界之「處」退墜，並非指證道階位上的不退轉。以上懷感的解釋，把上品中生判屬十信階位之第五位以前之行者；在「粗」方面的兩種說法中，這跟第一種較接近，而跟「細」方面「上三品」的六種說法皆不類；由是「粗」方面的第一種說法，或許即是懷感的主張。更值得注意的是懷感把上品中生說爲十信第五位以前人，無形中便是認許九品往生者包括已進入證道階位的賢聖；這跟善導所持九品往生者皆濁世凡夫的看法，明顯有違；從此亦可見懷感雖然跟善導一樣主張「凡夫往生」，但立場不及善導的鮮明和徹底。

---

13 參見《大正藏》卷一二，頁三四五上。

14 《群疑論》卷六，《大正藏》卷四七，頁六七下。

15 詳參閱本書第三章第三節關於極樂世界眾生所共有的不退轉特性的論述。

第六章　對異宗教說的批判——彌勒信仰和三階教

在懷感的時代，彌陀信仰由於平易淺近，富包容性，而日漸流行。又在當時流傳的其他佛教傳統裏，彌勒信仰和三階教同樣具備這些特性，因此亦同樣受到歡迎；以至一方面出現彼此混淆，另方面出現互相競爭的現象。懷感以弘揚彌陀信仰爲己任，對這現象十分關注，在《群疑論》裏，用了大量篇幅，把這兩種傳統的教說跟彌陀信仰加以比較，並詳細答覆它們對彌陀信仰所提出的批難，力求突出彌陀信仰的殊特地方和優越之處。

第一節　彌陀信仰跟彌勒信仰的判別

一、彌勒信仰的內容和興起

彌勒原梵語為 Maitreya，意譯為慈氏。中國的彌勒信仰主要以劉宋時代沮渠京聲（卒年四六四）譯出的《彌勒上生經》和東晉末年鳩摩羅什（約三四四～約四一三）重譯的《彌勒下生經》為根據。依這兩種經所述，彌勒出生於婆羅門家庭，跟從釋迦佛出家，先釋迦佛入滅，上生兜率天界，為那裏的人天說法；再經過漫長歲月，下生閻浮提，在龍華樹下成佛，三次說法，叫眾多聽聞者成就阿羅漢果。由於彌勒繼釋迦佛於閻浮提渡化群生，故又有「一生補處菩薩」之名；及至他成佛後，則稱做「彌勒佛」。

上述兩種佛經極力渲染彌勒上生的兜率天和下生的閻浮提的勝妙。據《彌勒上生經》記載，彌勒上生時所居地方，遍布宮殿、城垣、樹木、華果、溪流等，都是珍寶所造，發大光明。那裏有無數天女，奏妙音樂，歌詠佛法。據《彌勒下生經》記載，彌勒下生時的閻浮提，廣大平坦，如鏡子一般，軟草覆地，華果茂盛，城邑滿布，錯落有致。那時由轉輪聖王治世，社會安穩，沒有水火，刀兵、饑荒等災難，人民生活豐樂，常懷慈心，恭敬和順，享壽八萬四千歲。

《彌勒上生經》一再述及上生兜率天、得蒙彌勒菩薩教化之途徑，其中包括持守戒律，行十善道，觀想彌勒兜率天界處所的功德莊嚴，稱念彌勒名號等，跟淨土經論所述的往生行門性質相近。經中並且出現惡人上生的思想：

> 若善男子、善女子犯諸禁戒，造眾惡業，聞是菩薩大悲名字，五體投地，誠心懺悔，是諸惡業速得清淨。未來世中諸眾生等，聞是菩薩大悲名稱，造立形像、香花、衣服、繒蓋、幢幡，禮

拜繫念，此人命欲終時，彌勒菩薩放眉間白毫大人相光，與諸天子雨曼陀羅花，來迎此人。此人須臾即得往生，值遇彌勒，頭面禮敬，未舉頭頃便得聞法，即於無上道得不退轉。1

經文表示眾生先前犯戒造惡，只要聽聞彌勒菩薩名字，誠心信靠和懺悔，便可即時得到清淨；又表示眾生在聽聞彌勒菩薩名字後，造立其像，專誠禮拜供養，在命終時，彌勒菩薩和諸天便會到來，迎接他們上生兜率天界。言下之意，是修善去惡並非上生的必須條件，聽聞彌勒名字，誠心信靠和供奉，才是最本要。其對信心和名號的重視，跟淨土經論並無二致。還有引文提到彌勒信眾上生後，得聞彌勒說法，證得不退轉，這也叫人聯想起彌陀信眾往生極樂世界後的狀況。

彌勒信仰是在西晉時代，通過法護（三世紀至四世紀初人）譯出《彌勒下生經》、《彌勒成佛經》和《彌勒菩薩所問本願經》，而開始在中國流行，並在東晉和南北朝時代迅速開展，成爲最普及的一種佛教信仰。東晉時代最孚眾望的兩位僧人道安（三一二～三八五）和支遁（三一四～三六六），便都崇仰彌勒。在南北朝時代，以彌勒爲主題的僞經和文學作品紛紛出現，而且形成造彌勒像的風氣。據近代學者統計，在現今傳世的北朝佛教造像中，彌勒像的數目跟釋迦像、觀音像不相伯仲，而要遠較彌陀像多，充分反映彌勒是北朝最受尊崇的佛教聖者之一，其受歡迎程度要在彌陀之上。及至隋代

1 《觀彌勒菩薩上生兜率天經》，《大正藏》卷一四，頁四二〇中。

和初唐，天台宗和法相宗先後興起，它們都表現出對彌勒信仰的興趣。天台宗教學是以《法華經》爲根據，經內談到誦持本經的功德利益，提及命終「即往兜率天上彌勒菩薩所」，[2]由是天台宗人崇仰彌勒頗殷。據記其漢土第二祖慧思（五一五～五七七）夢見自己跟隨彌勒下生，參加龍華盛會。其三祖智顗（五二三～五九七）著有《彌勒上生經疏》和《彌勒成佛經疏》，弟子慧斌（五六九～六一二）、智晞（五五六～六二七）和四祖灌頂（五六一～六三二）均傳說在死後往生兜率天。法相宗跟彌勒信仰的關係比天台宗更要密切。法相宗承習印度瑜伽行學派的教說，而據說瑜伽行學派的創立人無著、世親兄弟曾往兜率天諮詢彌勒菩薩，其重要教典《瑜伽師地論》、《大乘莊嚴經論頌》、《中邊論頌》等都是彌勒所授。由是法相宗人對彌勒有一份特殊感情，是很自然的事。法相宗的創立人玄奘便經常許願往生彌勒之所。他在西行求法期間，於遇上困阻時，每一心專念彌勒，一再得以化險爲夷。在回國後，他於翻譯和禮懺之際，常發願上生兜率天，得見彌勒；並且譯出《讚彌勒四禮文》。在臨終前，他表示：

> 願以所修福慧，迴施有情，共諸有情同生覩史多天彌勒內眷屬中，奉事慈顏。佛下生時，亦願隨下，廣做佛事，乃至無上菩提。[3]

---

2 《妙法蓮華經》卷七〈普賢菩薩勸發品〉第二八，《大正藏》卷九，頁六一下。

3 見慧立（生年六一五）撰、彥悰（活躍於七世紀中葉）增補：《大慈恩寺三藏法師傳》卷一〇，《大正藏》卷五〇，頁二七七上。

玄奘的弟子中最著名者爲窺基，據說他感夢而作《彌勒上生經疏》；又嘗造彌勒像，每日於像前誦菩薩戒一遍，願生兜率。[4]

二、彌勒信仰和彌陀信仰優劣的爭論

彌勒信仰和彌陀信仰在南北朝同時興起，漸漸出現彼此貶抑的情況。例如唐朝初年玄奘站在彌勒信徒立場，對兩種信仰的包容性作出比較：

西方道俗並作彌勒業，爲同欲界，其行易成，大、小乘師皆許此法。彌陀淨土，恐凡鄙穢，修行難成。如舊經論，十地以上菩薩，隨分見報佛淨土；依新論意，三地菩薩始可得見報佛淨土；豈容下品凡夫？即得往生，此是別時之意，未可爲定。所以西方大乘許，小乘不許。[5]

---

4 關於彌勒信仰的特點和它在中國的發展，參閱方立天：〈略論我國的彌勒信仰〉，《佛學研究》第二期（一九九三年）；李玉珉：〈隋唐之彌勒信仰與圖像〉，《藝術學》第一期（一九八七年）；汪娟：〈唐代彌勒信仰與佛教諸宗派的關係〉，《中華佛學學報》第五期（一九九二年）；周紹良：〈彌勒信仰在佛教初入中國的階段和其造像意義〉，《世界宗教研究》一九九〇年第二期；陳揚炯，前引書，第三章〈彌勒信仰的興衰〉；廖閱鵬：《淨土三系之研究》（高雄：佛光出版社，一九八九年），第二章〈彌勒淨土思想〉。

5 錄於道世（？～六八三）：《諸經要集》卷一，《大正藏》卷五四，頁六下～七上。

玄奘指出彌陀的淨土乃報佛土，只有上位菩薩才能往生彼處；一些經論說言凡夫可以往生，那只是「別時意」。彌勒的兜率天界便不同，它跟我們現今所在的閻淨提同屬欲界；由於層次較低，因此無論是俗人或是聖人，無論是小乘人或是大乘人，都可以往生其中；不像彌陀淨土，是「大乘許，小乘不許」。窺基還比較了這兩種信仰的對象和果效：

但以彌勒惡處行化，慈悲深故；阿彌陀佛淨土化物，慈悲相淺。又淨土多樂，欣生者多，厭心不深，念令福少，非奇特故；惡處多苦，欣生者少，厭心深重，故念福多，甚希奇故。6

誠然，彌勒現今所在的兜率天界，作為欲界的一重，是有種種罪惡苦痛，不及彌陀淨土的圓滿。然而彌勒甘於留在惡處，為那裏的人天施行教化，這豈非顯示他的慈悲心，要比在淨處行化的彌陀為深嗎？況且彌陀淨土多樂，厭惡它的人少，欣趣它的人多；信者數眾，非為罕有，故所得福德少。彌勒天界多苦，厭惡它的人多，欣趣它的人少；信者罕有，難能可貴，故所得福德多。玄奘和窺基高舉彌勒信仰，申示它在應機、慈悲、興福三方面，都要較彌陀信仰優勝。7

另一方面，彌陀信眾則極力辯稱其信仰較彌勒信仰超勝。例如道綽列舉彌勒的兜率天界不及彌陀

6 窺基：《觀彌勒菩薩上生兜率天經贊》，《大正藏》卷三八，頁二七七中。

7 關於法相宗人對彌陀信仰的態度，參閱汪娟，前引文，頁一九九～二〇二；劉長東：《晉唐彌陀淨土信仰研究》（成都：巴蜀書社，二〇〇〇年），頁三三〇～三三五。

的極樂淨土的四處地方：

此義不類，少分似同，據體大別，有其四者：

一、彌勒世尊爲其天眾，轉不退法輪。聞法生信者獲益，名爲信同；著樂無信者，其數非一。又來雖生兜率，位是退處。……

二、往生兜率，正得壽命四千歲，命終之後不免退落。

三、兜率天上雖有水、鳥、樹林和鳴哀雅，但與諸天生樂爲緣，順於五欲，不資聖道。若向彌陀淨國，一得生者，悉是阿毗跋致，更無退人與其雜居。又復位是無漏，出過三界，不復輪迴。論其壽命，即與佛齊，非算數能知。其有水、鳥、樹林，皆能說法，令人悟解，證會無生。

四、據《大經》，且以一種音樂比校者。經讚言：從世帝王至六天，音樂轉妙有八重，展轉勝前億萬倍，寶樹音麗倍亦然。復有自然妙伎樂，法音清和悅心神，哀婉雅亮超十方，是故稽首清淨樂。8

道綽表示表面看去彌勒的兜率天界跟彌陀的極樂世界頗多相似地方，然而仔細觀察便會發覺其實都是小同而大異：

---

8 《安樂集》卷上，《大正藏》卷四七，頁九中～下。關於道綽與唐代淨土宗門諸師對彌勒信仰的貶抑，參閱李玉珉，前引文，頁二〇三～二〇九；廖閱鵬，前引書，頁一七一～一八〇。

㈠彌勒在兜率天界雖然跟彌陀在極樂世界一樣，爲那裏的眾生演說令聽受者於正道上不退轉的佛法；唯兜率天界的居民還有欲樂，對彌勒之教大多未能信受，從而不能證得不退轉；不若極樂淨土的居民，聞彌陀之言全部信納，皆達至不退轉。

㈡彌勒之兜率天界的眾生雖然跟彌陀之極樂世界的眾生一樣，比娑婆世界的眾生長壽，但其壽數不過四千歲，[9]而且命終後會退墮爲人或爲諸惡趣；不若極樂世界的眾生壽命無量，永遠不用再輪迴流轉。

㈢彌勒之兜率天界的流水、雀鳥、樹木雖然發出和雅音聲，唯其目的要在使那裏的居民喜樂，因此著重迎合感官欲求，聽了對修道無益；不若彌陀極樂世界之流水、雀鳥、樹木所發的音聲，演說五根、五力等義理，叫聞者皆思念佛、法、僧。

㈣兜率天界雖然不斷發出動聽的音樂，但這究竟還是天界的音樂；跟《大經》所描述那極樂世界的音樂，比諸天界的音樂勝妙萬億倍，能導人歸向佛法，是無法相比。

三、懷感對彌陀、彌勒兩種信仰的判別

懷感在《群疑論》裏，分十二方面，辨別彌勒的兜率天界和彌陀的極樂世界的優劣，又詳列往生

---

[9] 參閱下頁所述懷感對兜率天界眾生和極樂世界眾生之壽命所做比較。

兩者之行業之十五處相同、八處相異地方，對彌勒和彌陀兩種信仰做出全面判別。

懷感舉出十二點彌勒兜率天界不及彌陀之極樂世界的地方：

㈠主：兜率天界的教主彌勒，現時仍然是菩薩，還未成佛；縱使他將來會繼釋迦佛在娑婆世界成道，也只是以化身佛姿態示現。而極樂世界的教主彌陀，今時已經是佛，而且往往示現為受用身佛。

㈡處：兜率天界為娑婆穢土的一部分，屬於天界中最低劣的欲界天；[10]不若極樂世界為淨土，勝妙超過眾多其他佛剎。

㈢眷屬：兜率天界男女雜居，不若極樂世界完全沒有女人。

㈣壽命：兜率天界的眾生壽命只有四百歲（兜率天界的一天相當於人間四百年），其中有夭折者；不若極樂世界的眾生壽命無量。

㈤內外：兜率天界分內、外院。內院指彌勒教化之所；那裏的眾生因親近彌勒，受其教導感化，證得不退轉。至於在內院之外的眾生，則仍然耽著欲樂，造諸惡業，不免輪迴，會還墮三惡趣。又從道亞世親的覺師子，亦只能生於外院，唯無著、世親一類大師，方能進入內院，[11]可見要往生內院是甚為困難之事。上生兜率天界者多居外院，這便不及極樂世界，沒有內、外院之分，往生那

---

10 天界自下至上，分為欲界天、色界天、無色界天三重。

11 覺師子（約活躍於五世紀）為無著的弟子。無著、世親（約活躍於四、五世紀）為大乘瑜伽行學派的創立人，對懷感有深遠影響的法相學統，便是以祖述無著、世親之說自居。

裏的所有眾生，包括最下劣的下品下生人，都一律得聞諸法實相，除滅眾罪，永遠免於生死循環。

(六)身色：兜率天界的眾生作為天人，其形體雖然微妙殊特，然而在命終時會呈現五種衰相，包括兩腋出汗，光明隱蔽；不若極樂世界的眾生，形體永遠是純眞金色，光明遍照百千由旬。[12]

(七)相好：兜率天界的眾生雖然相貌端嚴，然而不具佛陀所有的聖者殊異之姿；不若極樂世界的眾生，乘彌陀之本願之力，具足三十二種大人相。[13]

(八)五通：兜率天界的眾生雖然有飛騰往來、預知未來等勝力，唯其運作範圍不能越過其所處時空；不若極樂世界的眾生乘彌陀本願之力，遍具五通，其運作範圍廣被百千億那由他劫和佛土。[14]

(九)不善：往生兜率天界者都是凡夫，加上他們所往生之所為欲界，又沒有彌勒本願攝持，所以會還起不善之心；不若往生極樂世界者，其往生之所是完全無惡的佛土，又有彌陀本願攝持，永遠不會再有不善之念。

---

12 「由旬」為印度計算里計的單位，表很長的距離。

13 《大經》所出阿彌陀佛的四十八願中，其二十一願說：「設我得佛，國中人天不悉成滿三十二大人相者，不取正覺。」（卷上，《大正藏》卷一二，頁二六八中）

14 「五通」為神足、天眼、天耳、他心、宿命五種超自然力量。《大經》所出阿彌陀佛諸本願中，其第五至第九願便是有關五通。這些願極力誇言往生者之神通力所及範圍之廣遠。例如第五的宿命通願表示：「設我得佛，國中人天不悉識宿命，下至知百千億那由他諸劫事者，不取正覺。」第六的天眼通願表示：「設我得佛，國中人天不得天眼，下至見百千億那由他諸佛國者，不取正覺。」（同上註，頁二六七下）

(十)滅罪：根據《彌勒上生經》，「若一念頃稱彌勒名，此人除卻千二百劫生死之罪」；[15]這比一聲稱念彌陀，即時能滅八十億生死重罪，得生西方，有所不及。

(十一)受樂：兜率天界有苦、樂、憂、喜、捨五種感受，不若極樂世界沒有苦、憂感受。

(十二)受生：往生兜率天者或在男人膝上、或在女人懷中受生，不若往生極樂世界者或在蓮華內、或在寶臺中受生。

在分述以上各種對比時，懷感一再用到「論其勝劣，無可比方」、「勝負懸隔」、「無以相儔」一類說話，[16]以強調彌陀的極樂世界要遠比彌勒的兜率天界優勝。但另一方面，他在申述第一種「主」的對比後，作如下結語：

> 據實而論，故無優劣。降跡化物，師弟道殊，當成現成，化佛報佛，覺滿未滿，現粗現妙，優劣不同，其義一也。[17]

引文表示彌陀爲「覺滿」的「現成」佛，以相「妙」的「報佛」形態出現，跟彌勒爲「未滿」覺的「當

---

15 《大正藏》卷一四，頁四二〇中。

16 見《群疑論》卷四，《大正藏》卷四七，頁五三上。

17 同上註。

成」佛，將來以相「粗」的「化佛」形態出現，彼此表面上是「優劣不同」。然而究實而論，兩者同爲「降跡化物」的示現，在基本意「義」上是「一」致。又在歷述十二種對比後，懷感這樣總結：

> 雖二處勝劣，其義如斯，然此二處往生，並是佛經勸讚，隨人所願，依教修行，並得往生，咸蒙利益。如願志求兜率者，勿毀西方行人；願生西方者，莫謗兜率之業；各隨性欲，任情修學。莫相是非，即爲佛法；遞相非撥，便行魔業也。何但不生勝處，亦乃輪轉三塗。諸修學士，當思勉勵也。[18]

懷感指出彌陀的極樂世界和彌勒的兜率天界雖然優劣如斯不同，然而往生兩處同樣是佛經所讚嘆；故此習學者可以各隨其性好，依教修行，得往其願生之所，同樣蒙受利益；切勿自是非他，互相誹謗。懷感並且提出警告，要是彼此排毀，那便是行魔業；這樣非但不能往生勝處，反而會輪轉三途；修學彌陀和彌勒這兩種信仰之士，當謹愼警惕。

懷感時代鼓吹彌勒信仰之徒，以彌陀的極樂世界勝於彌勒的兜率天界爲理由，辯稱往生前者要遠比往生後者爲困難，勸人當捨難從易。懷感針對這論點，對往生兩者的行業和經歷之同異，詳細作出比較。在相同方面，他一共列舉了十五點：

---

18 同上註，頁五三中。

㈠觀行：《彌勒上生經》說願生兜率者，當「一一思惟兜率陀天上妙快樂」，表示「作是觀者，名為正觀；若他觀者，名為邪觀」。[19]而《觀經》教導願生極樂者當如何觀察那裏的寶地、寶樹、佛、菩薩等後，同樣表示「作是觀者，名為正觀；若他觀者，名為邪觀」。[20]可見觀想願生之所的莊嚴，對往生兩地是同樣重要。

㈡持戒：《彌勒上生經》說要往生兜率，「應持五戒、八齋、具足戒」；[21]而《觀經》所提出願生極樂者所當修習「三福」中的第二福，要為「受持三歸，具足眾戒，不犯威儀」；[22]可見彌勒和彌陀兩種信仰同樣以持守戒律為往生行業。

㈢十善：《彌勒上生經》說要往生兜率，應「思惟十善，行十善道」；[23]而《觀經》所出三福中的第一福包括「慈心不殺，修十善業」；[24]可見彌勒和彌陀兩種信仰同樣視實踐十善為往生之道。

㈣懺悔：《彌勒上生經》說願生兜率者，當「聞是（彌勒）菩薩大悲名字，五體投地，誠心懺悔」；

19 《大正藏》卷一四，頁四一九下。
20 《大正藏》卷一二，頁三四二上、三四二中、三四三下、三四四上、三四四中。
21 《大正藏》卷一四，頁四一九下。
22 《大正藏》卷一二，頁三四一下。
23 《大正藏》卷一四，頁四二〇中。
24 《大正藏》卷一二，頁三四一下。

[25]而《鼓音聲王經》教願生極樂者，當「六時專念，五體投地」；[26]以表達懺悔之情；可見彌勒和彌陀兩種信仰同樣肯認懺悔對往生之作用。

㈤造立形像：《彌勒上生經》說願生兜率者，當「造立形像、香花、衣服、繒蓋、幢幡」；[27]而《大經》談到願生極樂的三輩行人中的中輩時，說他們「起立塔像，……懸繒燃燈，散花燒香」；[28]可見彌勒和彌陀兩種信仰同樣以造立和供養其信奉對象爲往生其所的入門。

㈥聖迎：《彌勒上生經》說修習往生兜率之行者臨終時，「彌勒菩薩放眉間白毫大人相光，與諸天子雨曼陀羅花，來迎此人」；[29]而《觀經》談到上品上生願生者臨終情況時，說「阿彌陀佛放大光明，照行者身，與諸菩薩授手迎接」；[30]可見願生兜率和願生極樂兩處的行者在臨終時都有得蒙彼土教主來迎的經歷。

㈦稱念：《彌勒上生經》談及願生兜率者「若一念頃稱彌勒名」，可滅多罪；[31]而《觀經》談到諸

---

25 《大正藏》卷一四，頁四二○中。
26 《大正藏》卷一二，頁三五二下。
27 《大正藏》卷一四，頁四二○中。
28 《無量壽經》卷下，《大正藏》卷一二，頁二七二中。
29 《大正藏》卷一四，頁四二○中。
30 《大正藏》卷一二，頁三四四下。
31 《大正藏》卷一四，頁四二○中。

品願生者，提到他們「合掌叉手」，「稱南無阿彌陀佛」；[32]可見彌勒和彌陀兩種信仰同樣推重稱念名號的往生果效。

(八)禮拜：《彌勒上生經》說願生兜率者當「禮拜繫念」彌勒；[33]而《淨土論》所出願生極樂者所當修習的「五念門」中包括禮拜門，教人當以身體恭敬禮拜阿彌陀佛；[34]可見彌勒和彌陀兩種信仰同樣以禮拜為往生條件。

(九)迴向願生：《彌勒上生經》教導願生兜率者以其習行眾善所得一切功德，「迴向願生彌勒前」；[35]而《觀經》談到諸上品、中品的願生者時，提及他們以其修習得來的功德，全部「迴向願求生極樂國」；[36]可見彌勒和彌陀兩種信仰同樣強調要視往生為所有修行法門的歸向。

(十)讀誦：《彌勒上生經》說願生兜率者，應「讀誦經典」；[37]而《觀經》談到上品上生願生者時，說他們「讀頌大乘方等經典」；[38]可見彌勒和彌陀兩種信仰同樣視讀誦佛經為往生行業。

---

32 《大正藏》卷一二，頁三四五上、三四六上。
33 《大正藏》卷一四，頁四二〇中。
34 《淨土論》亦即《往生論》。見《大正藏》卷二六，頁二三一中。
35 《大正藏》卷一四，頁四二〇中。
36 見《大正藏》卷一二，頁三四四下~三四五中。
37 《大正藏》卷一四，頁四二〇上。
38 《大正藏》卷一二，頁三四四下。

(十一)往生：《彌勒上生經》記往生兜率者「譬如壯士屈伸臂頃，即得往生兜率陀天」；[39]而《觀經》形容各品願生極樂者往生的情狀，一再用到「如彈指頃」、「如一念頃」、「譬如壯士屈伸臂頃」一類話；[40]這顯示往生兜率和往生極樂同樣是極快速的事。

(十二)見聖：《彌勒上生經》記往生兜率可得「值遇彌勒」；[41]而《觀經》記上品上生願生者往生極樂後「見佛色身眾相具足」；[42]這顯示往生兜率者和往生極樂者同樣得見彼土之聖主。

(十三)歸敬：《彌勒上生經》記往生兜率者值遇彌勒時，「頭面禮敬」；[43]而《觀經》記上品中生人覲見彌陀時，「即下金臺，禮佛合掌」；[44]這顯示往生兜率者和往生極樂者同樣向彼土之聖主作禮示敬。

(十四)聞法：《彌勒上生經》記往生兜率者禮敬彌勒後，「未舉頭頃，便得聞法」；[45]而《觀經》記上

---

39 《大正藏》卷一四，頁四二〇上。

40 見《大正藏》卷一二，頁三四四下、三四五上、三四五下。

41 《大正藏》卷一四，頁四二〇中。

42 《大正藏》卷一二，頁三四四下。

43 《大正藏》卷一四，頁四二〇中。

44 《大正藏》卷一二，頁三四五上。

45 《大正藏》卷一四，頁四二〇中。

品上生人覩見彌陀於「光明寶林，演說妙法」；[46]這顯示往生兜率者和往生極樂者同樣聽聞彼土之聖主說示佛法。

(十五)不退：《彌勒上生經》記往生兜率者聽受彌勒說法後，「即於無上道得不退轉」；[47]而《觀經》記上品中生人歸敬彌陀，經過七日，即時於無上道得不退轉；[48]可見往生兜率者和往生極樂者同樣可以達至不退轉之上位。

至於相異方面，懷感論及八點：

(一)本願：彌勒沒有誓願，因此願生兜率者得靠自己用功；就如人「自浮度水」，要奮力掙扎。彌陀曾發四十八願，因此願生極樂者有彌陀願力可做倚靠；就如人「乘舟而遊」，[49]輕鬆自在。

(二)光明：願生兜率者彌勒沒有用神光加以照明；他們就如人在黑暗中來往，要費力摸索。願生極樂者據《觀經》所言，有彌陀眉間之白毫和身體各毛孔所發圓光做爲照明，「攝取不捨」；[50]他們就如人在白晝日光下出遊，不用擔心迷路。

---

46 《大正藏》卷一二，頁三四五上。
47 《大正藏》卷一四，頁四二〇中。
48 參見《大正藏》卷一二，頁三四五上。
49 《群疑論》卷四，《大正藏》卷四七，頁五四中。
50 《大正藏》卷一二，頁三四三中。

㈢守護：願生兜率者彌勒沒有加以守護；他們就如無保護的人獨自行經險徑，會被暴徒所傷。願生極樂者據《觀經》所言，彌陀會「化身無數，與觀世音、大勢至常來至此行人之所」；[51]他們就如受保護的人結伴出遊，不畏強賊來逼。

㈣舒舌：佛陀講說上生兜率經典時，沒有十方諸佛舒廣長舌，印證其說；佛陀講說往生極樂的《小經》時，則有十方諸佛舒廣長舌，稱美其說爲誠言。[52]

㈤眾聖：願生兜率者沒有眾聖守護；而願生極樂者有山海慧菩薩等聖者許願加護，誓言要在一切眾生悉皆往生極樂後，自己才往生。[53]

㈥滅罪：《彌勒上生經》說願生兜率者「若一念頃稱彌勒名，此人除卻千二百劫生死之罪」；[54]而《觀經》說下品下生願生極樂者「稱南無阿彌陀佛，……除八十億劫生死之罪」；[55]可見稱念彌勒名號和稱念彌陀名號雖然同樣有教人往生果效，其滅罪的作用則是小大懸殊。

---

51 同上註，頁三四四中。
52 關於十方諸佛印證《小經》，參見《稱讚淨土經》，《大正藏》卷一二，頁三五〇上～三五一上。《稱讚淨土經》爲《小經》的異譯。
53 參見《十往生阿彌陀佛國經》，《續藏經》卷八七，頁二九二後下。
54 《大正藏》卷一四，頁四二〇中。
55 《大正藏》卷一二，頁三四六上。

(七)重惡：《彌勒上生經》表示「犯諸禁戒，造眾惡業」者可得上生兜率，[56]而《觀經》進一步聲言造「五逆十惡」之下品下生人可得往生；[57]可見造五逆重惡者不能往生兜率，然而可往生極樂。

(八)教說：《彌勒上生經》沒有說言上生兜率爲容易的事；而《大經》在勸人努力求往生極樂時，則有「橫截五惡趣，惡趣自然閉，昇道無窮極，易往而無人」的話，[58]清楚表示極樂世界爲「易往」。

配合上出的第八點相異，懷感非議「兜率易生，極樂難往」之說爲純屬臆測，沒有聖言爲據：

> 言兜率易生，西方難往，此乃凡夫之輩斟酌佛經。窮之聖典，竟無經說。[59]

他在總結上做出各點同異時，又再申明這點：

> 上來同文十五，猶不可說於難生，況異有八門，而乃說言難往？請諸學者尋理及教，鑒其難易二門，可永除其惑矣。[60]

---

56 參見本章第一節註1引文。

57 參見本書第一章第二節註4引文。

58 《無量壽經》卷下，《大正藏》卷一二，頁二七四中。

59 《群疑論》卷四，《大正藏》卷四七，頁五四中。

60 同上註，頁五四下。

就「同」方面看，往生極樂跟往生兜率有眾多相似地方，實難分辨孰難孰易；就「異」方面看，則無論是約聖教或是約推理，都顯示往生極樂要較往生兜率容易，怎樣也見不出要較為困難。此外，懷感還重申他在總結極樂世界和兜率天界的優劣比較時所提出的訓示：

> 理窮聖教，於一法門，或讚或毀，皆是勸入道之方便，捨堅執之愚惑。今為此意，請審詳之。[61]

佛陀在一些經中極力稱讚彌勒，鼓勵人往生其所在的兜率天界，在另外一些經中則極力稱讚彌陀，鼓勵人往生其所在的極樂世界；這些讚毀的不同，是基於方便施教的考慮。學者切勿得言忘意，堅執一種法門為是，排斥其他法門為非。

跟上節所述道綽對彌勒和彌陀兩種信仰的評議相比，以上所出懷感的判別，在分析上要遠為詳盡和系統，在態度上也顯得較為持平。道綽的論議局限於兜率天界和極樂世界的對比，而且只明其異，不辨其同。懷感則把討論擴展至往生兩地的行門方面，並且兼顧同和異兩方面。又道綽刻意顯示兜率天界低劣，以至忽視兜率其實有內院（彌勒居處，願生者往生之所）、外院（天眾居處）之別，而且所言有不少不符《彌勒上生經》之處，難免給人咄咄迫人，強辭奪理的印象。例如道綽謂往生兜率者會退轉，這分明跟《彌勒上生經》說往生兜率者「未舉頭頃，便得聞法，即於無上道得不退轉」之

---

61 同上註。

言不符。又他謂上生兜率者命終後會退墮三惡趣，這也是有違經意：蓋《彌勒上生經》說往生兜率者「値遇彌勒，亦隨彌勒下閻浮提，第一聞法，於未來世値遇賢劫一切諸佛，於星宿劫亦得値遇諸佛世尊，於諸佛前受菩提記」，[62]顯然認爲他們不會輪轉三途，是定當成佛。懷感則無論是舉同或是出異，都廣引經文爲證，在高揚彌陀信仰的同時，又不完全否認彌勒信仰的價値，表現出彬彬學者的風範，立論較容易令人信服。

62 《大正藏》卷一四，頁四二〇上。關於道綽對彌勒的兜率天界的批評有失偏頗，參閱廖閱鵬，前引書，頁一七一～一七三。

第二節　跟三階教的對論

一、三階教的教學

三階教為隋代僧人信行（五四〇～五九四）所創立，因其「三階」主張得名。信行約「時」、「處」、「人」三方面界別三階：

㈠第一階：為佛在世至佛入滅後五百年這段「時」期，以淨土為「處」所，其「人」為一乘根機，包括戒見俱不破、破戒不破見兩類。

㈡第二階：為佛入滅後五百、至一千或一千五百年這段「時」期，以穢土為「處」所，其「人」為三乘根機，亦包括戒見俱不破、破戒不破見兩類。

㈢第三階：為佛入滅後一千或一千五百年以後「時」期，以穢土為「處」所，其「人」為世間根機，包括利根、鈍根兩類，前者住著有、空二見，後者為愚癡至極的瘂羊僧。[1]佛經所提到的無慚愧僧、斷善根人、一闡提、六師外道、惡魔等，無非是第三階的惡機眾生的異名。

1　「瘂羊僧」指愚癡之僧人，不別好醜，不知輕重，若有二人於僧事上互諍，不能斷決有罪無罪，默然無言；就如羊被人殺，不能做聲。

信行認爲其所處時代（隋朝），已經進入第三階，適合第一階人根機的一乘教，以及適合第二階人根機的三乘教，亦即各大、小乘經論和學派的教法，再不能產生作用，從而提出一套「普法」，作爲第三階惡機眾生入道的指南。三階教一方面受到如來藏思想影響，以爲一切眾生，無論是凡是聖，同樣具有如來藏，在本性上與佛陀無異，都是當來佛；另方面又依其三階根機觀，以爲第三階眾生根器頑劣，不能分辨是非善惡；從而主張第三階的修行者，對人對法都要普敬：於一切人，不論善惡，唯做善想，敬之如佛；於一切法，不論是非，唯做是想，普爲信受。信行認爲在第三階這末法時期，只有採取這「唯有純益，無有損壞」態度，才可避免橫起愛憎，妄生誹謗。由於三階教這普敬說法，教人不去界別所敬對象，就如盲瞑者不辨別前境一樣，故稱爲「生盲佛法」；又由於它是專爲對應第三階根機設立，故又稱爲「對根起行教」。又對比其所倡說對應第三階根機的「普法」，信行稱對應前二階根機的一乘法和三乘法，包括淨土教門的教法，爲「別法」；表示它們對前二階的有眼正見眾生，爲正善佛法；對今時第三階的生盲邪見眾生，則爲邪善佛法；在今時踐行它們，只會增長煩惱，導至更多偏差。

三階教在隋代形成後，由於教團滲透力強，經濟力量雄厚，一度頗爲流行。不過它倡言當今爲第三階世界，社會黑暗，人們罪孽深重，無形中便是在批評現存政權；而且它視大部分佛教經論和學派的說法爲不當機，加以貶抑否定，在正統僧眾眼中，乃是一種異端。由是它一再受到隋唐政府鎮壓和其他佛教宗派排擠，及至宋朝初年絕跡。[2]

二、懷感對三階教所提出普、別二教界別之評難

三階教創立於隋代，勃興於唐初，而那時淨土教正日益流行。三階教和淨土教在教學取向上有重要相通地方，同樣主張當世爲末法時期，同樣倡言傳統佛教教學在這時候不再適宜，同樣以對應末代鈍根，樹立特殊法門，爲一己的使命。然而三階教高舉「普法」爲這特殊教門，教人要普敬一切佛，這跟淨土教特別宣揚念佛，而且教人獨尊阿彌陀一佛，修行取向歧異甚大；以至出現彼此對立，互相攻訐的情況。現存最早涉及這兩教衝突的文獻，要爲《群疑論》。[3]懷感在論中這樣總括三階教的立場：

---

2 有關三階教的歷史和教說，參閱矢吹慶輝：《三階教之研究》（東京：岩波書店，一九二七年），第一、二部；西本照眞：《三階教の研究》（東京：春秋社，一九九八年）第一、二、四章；郭朋：《隋唐佛教》（濟南：齊魯書社，一九八〇年），頁二三三～二七〇；楊曾文：〈三階教教義研究〉，《佛學研究》第三期（一九九四年），頁七〇～八四；鎌田茂雄：《中國佛教史》第六卷（東京：東京大學出版會，一九九九年），頁六〇四～六三四。

3 道端良秀撰有〈道綽と三階教〉和〈善導と三階教〉二文（見氏著：《中國淨土教史の研究》〔京都：法藏館，一九八〇年〕），從史實、教義等諸方面，探討道綽、善導與其門下跟三階教的關係。不過現存道綽和善導的著作，都沒有明確提到三階教，現存最早出現「三階教」名稱的淨土系著作，要爲《群疑論》。又關於懷感及其後淨土教門中人對三階教的論議，參閱矢吹慶輝，前引書，頁五四七～五八二；西本照眞，前引書，頁一三七～一四二；劉長東，前引書，頁二九八～三〇一。

如三階禪師等，咸以信行禪師是四依菩薩，於諸大乘經中，撰集《三階集錄》。言今千年已後第三階眾生，唯合行普眞普正佛法，得生十方佛國；若行別眞別正佛法，及讀誦大乘經等，即是不當根法，墮於十方地獄。……何以知之？如不輕菩薩，於像法增上慢四眾中，出世不專讀經典，但行禮拜。故知正法滅後，增上慢盛時，不得學別讀別誦，但別得學普，即其文也。由學普故，得六根清淨，更增壽命，此即學當根普法益。善星是三階人，為讀誦十二部經，墮大地獄，此即是損大。[4]

三階教尊崇信行為四依菩薩，[5]以編集大乘經教而成的《三階集錄》為基本教典。根據三階教，今時正當第三階時期，眾生只適合修習「普眞普正佛法」，從而得以往生十方佛國；要是踐行「別眞別正佛法」，例如讀誦大乘經，由於所習不當根機，會墮入十方地獄。三階教舉引《法華經》和《涅槃經》的說話，為其主張的支持。《法華經》記佛正法消滅後，比丘高傲自大，當時有菩薩名常不輕，不專讀佛經，但常行禮拜，凡所見比丘、比丘尼、優婆塞、優婆夷，都禮敬頌讚，說言：「我不敢輕於汝等，汝等皆當作佛。」[6]三階教以此做為三階末法之世，不用誦讀佛經，唯當「普敬」之證言。《涅

---

4 卷三《大正藏》卷四七，頁四八上～中。

5 「四依」指四種堪為世人依止的聖者，詳見北本《涅槃經》卷六〈如來性品〉第四之三，《大正藏》卷一二，頁三九六下～三九七上。

6 參見《妙法蓮華經》卷六〈常不輕菩薩品〉第二〇，《大正藏》卷九，頁五〇下。

槃經》記有善星比丘，爲鈍根無智的一闡提，雖復讀誦十二部經，卻不能解一句一字之義，生惡邪見，謂無佛、無法、無涅槃，以至墮進阿鼻地獄。[7]三階教以此爲三階鈍根不當習行誦經等「別法」之證言。

對於三階教界別「普」、「別」兩種教，懷感有如下評難：

有三階行者同爲此解，細尋此義，理必不然。何者？若以千年已後，正人斯盡，唯是邪惡第三階人，唯合行普眞普正佛法，不合行別眞別正佛法及讀誦大乘經等；如其行讀誦等者，即墮十方阿鼻地獄。此即如來惡心，憎嫉第三階人，留其別眞別正佛法，令其錯讀，使墮阿鼻地獄。……若以普眞普正是當根者，佛說普法之後，何因不說「慈悲哀愍，特留此經，住世百年」耶？[8]若言普法非佛所說，故禪師是說諸佛不說之經，度諸佛不度之者，禪師非佛，何能說經耶？……既無聖教，孰辨邪正？[9]

---

7 參見北本《涅槃經》卷三三〈迦葉菩薩品〉第一二之一，《大正藏》卷一二，頁五六〇中。

8 以上三句話出自《大經》，當中提到的「此經」在原經文是指《大經》。三階教和淨土教對這數句話的涵義，有不同理解，詳見下文。

9 《群疑論》卷三，《大正藏》卷四七，頁四八中。

懷感質疑要是如三階教所言，讀誦大乘經爲別法，那麼佛陀遺留大量佛經，叫三階眾生因錯讀而墮阿鼻地獄，這豈非有違其慈悲精神？懷感又抨擊「普法」之說不見佛經，無聖教爲證；被三階教標舉爲「普法」之行法，佛經都沒有明言要在佛法滅盡之時，特別留住它們，以應末世鈍根之需要。對三階教教人不用誦讀佛經，懷感反對尤力。他指出三階教引述來支持其普法之說的《法華經‧常不輕菩薩品》，雖然說常不輕不讀佛經，然而繼而記常不輕「臨欲終時，於虛空中，具聞威音王佛先所說《法華經》二十千萬億偈，悉能受持，……更增壽命二百萬億那由他歲，廣爲人說是《法華經》。」[10]此外《法華經‧勸持品》記藥王菩薩許願於佛入滅後，「後惡世眾生善根轉少，多增上慢，……難可教化。我等當起大忍力，讀誦此經。」[11]凡此都顯示《法華經》勸勉人要在末法惡世，增上慢眾生眾多之時，堅忍不懈地講經讀經。又相似訓示亦見於其他大乘經：例如《大般若經》記佛陀囑咐：「我涅槃後，後時後分後五百歲，無上正法將欲壞滅時分轉時，廣爲有情宣說開示（甚深般若波羅蜜多）。」[12]《賢護經》記佛陀訓言：「如來滅後，於最末世五百年終，法欲滅時，……讀通受持思惟其（三昧經）義。」[13]由是可見，三階教所提出「（佛滅）千年之後，別法廢時，不合讀誦大乘經典」之說，

10 卷六，《大正藏》卷九，頁五一上。
11 卷四，《大正藏》卷九，頁三五下~三六上。
12 《大般若波羅蜜多經》卷六〇〇，《大正藏》卷七，頁一一〇九上。
13 《大方等大集經賢護分》卷二〈受持品〉第五，《大正藏》卷一三，頁八八〇上。

是有違佛意。懷感斥之爲「地獄因」，譬之爲「毒藥」，憤慨地敦促三階教之徒要立刻加以放棄，不可再自誤誤人：

> 勸諸學流，審諦聖旨，勿得自誤，復誤餘人，令諸大乘微妙經典絕行於世，將爲毒藥，是地獄因，滅正法眼，何其顛倒，可傷之甚！[14]

三、淨土教為當根的易行法門的爭論

三階教和淨土教各自標榜自身教說爲末法時期的當根法門；而從《群疑論》的論述所見，三階教對淨土教就此提出的各種論證和說法，多方加以責難。

㈠淨土教爲末法時代的當根法門的問題

《大經》記載佛陀說：

> 當來之世，經道滅盡，我以慈悲哀愍，特留此經，止住百歲。其有眾生值斯經者，隨意所願，皆可得度。[15]

---

14 《群疑論》卷三，《大正藏》卷四七，頁四八下。

15 《無量壽經》卷下，《大正藏》卷一二，頁二七九上。

佛陀提到他特別遺留《大經》的教法，在未來經教完全消滅時，「止住百歲」，作爲那時眾生得度的門徑。淨土宗人往往引述這段話，爲淨土教是當根法門的證言。懷感便表示：

以此經文准知，佛法漸滅，眾生福薄，唯茲淨教，特益此時。故以法驗時，誠是當根佛法。[16]

三階學者從不同角度出發，對這節經文有不同看法。《群疑論》記他們說：

今《無量壽經》等，即是別眞別正，是第二階佛法。千年已前，合行此法；千年已後，既無此機，斯教即廢。縱令住世百歲，只合千一百年。故釋經「道滅盡……特留此經，止住百歲」者，是正法千年之後百年者也。[17]

三階學者堅持《大經》的淨土教是「別眞別止」，只適合第二階根機，在當今佛滅千年後的第三階時期不再適用，應予廢止。至於佛陀說《大經》在佛道滅盡後「止住百歲」，三階學者認爲這不過表示《大經》在佛滅千年後會再流傳一百年而已，並沒有以《大經》爲末法時期的當根法門之意。

從以上三階學者提出的質難，可見他們把《大經》「止住百歲」一語中的「百歲」，解釋爲佛入

16 《群疑論》卷三，《大正藏》卷四七，頁四九上～中。
17 同上註，頁四八上。

滅一千年以後的一百年，從而爲《大經》教說的流傳設定時限。懷感並不接受這釋義，舉出以下兩種他認爲較合理的解說：

(1)《大悲經》說言佛入滅後，正法千年，像法千年，末法萬年；[18]而《大經》所謂「止法百歲」的「百歲」，乃是指末法萬年之後的百年。那時的人瞋毒熾盛，多造惡業，所執草木悉成爲刀劍，互相殺害。他們不能修習戒、定、慧三學，唯能念佛，願生極樂世界。佛陀有見及此，特別爲他們留下《大經》，提供往生的門路。

(2)《法住記》說言釋迦佛入滅後，人壽由百歲漸減至十歲，再由十歲漸增至六萬歲末七萬歲初。那時受釋迦囑咐住持正法的十六大阿羅漢俱一時滅度，釋迦無上正法歸於消滅。及至人壽增至八萬歲時，彌勒佛出現世間，[19]還爲眾生演說淨土教，令無量眾生得往生西方極樂世界。如是展轉賢劫千佛，以至及後十方世界諸佛，亦同樣演說淨土教，勸生西方。[20]而《大經》所謂「止住百歲」

---

18 這正法千年、像法千年，末法萬年之說不見於今本《大悲經》，而是隋唐之際頗流行的一種說法。參閱矢吹慶輝，前引書，頁二一八。

19 參見《大正藏》卷四九，頁一三中～下。《法住記》的記述至此爲止，往後爲解說者的申論。

20 要了解這解說，先要對佛教的宇宙觀有點認識。佛教認爲宇宙在時間上是無限的，不斷經歷消長的循環。宇宙的一消一長，是爲一「大劫」；當中有成、住、壞、空四個階段，是爲四「中劫」；而每一中劫又包括二十個「小劫」。又小劫依人的壽命的增減，可分爲「減劫」、「增劫」兩階段：從人類八萬四千歲，每一百年減短一歲，

的「百歲」，並非實指一百年，而是泛表彌勒及其後眾佛宣弘淨土教之漫長時節。

以上兩種釋義，把「止住百歲」的「百歲」，下推至久遠將來末法之世之後，而第二種釋義更稱言淨土教爲賢劫及以後無量劫十方諸佛所講說，從而突出了淨土教的永恆性。

(二)念佛爲末法時代的當根行法的問題

淨土宗在宣稱自身爲末法時代的不二法門時，往往舉出其所宣揚的念佛等修行方法，爲特別簡單易行，作爲主要理由。就此三階學者引述《大集經．月藏分》的話，提出反對：

> 《大集．月藏分》言：佛滅度後第一五百年，我諸弟子學慧得堅固；第二五百年，學定得堅固；第三五百年，我諸弟子學多聞得堅固；第四五百年，造立塔寺得堅固；第五五百年，白法隱滯，多有諍訟，微有善法得堅固。[21]今勸修十六觀及念佛三昧，此並是定法，只應合初二五百年中修學此法，何因今日勸修學耶？[22]

減至僅有十歲，這時期稱爲「減劫」；再從十歲，每一百年增長一歲，增至八萬四千歲，這時期稱爲「增劫」。我們現今正當「住」劫中的第一個小劫的「減劫」時期，到人壽減少至十歲，便進入「增劫」。及至增劫的終極，人壽八萬四千歲，那時彌勒便會下生世間，三會說法。又據《賢劫經》所說，在我們這「住劫」，有千佛賢聖先後出現，化導眾生，成就大悲，故稱之爲「賢劫」。

21 參見《大集經》卷五五〈月藏分〉第一二〈分布閻浮提品〉第一七，《大正藏》卷一三，頁三六三上～中。

22 《群疑論》卷三，《大正藏》卷四七，頁四六下～四七上。

《大集經．月藏分》把佛陀入滅後佛法之流布，分為五個五百年，歷述每一個五百年的眾生所適宜修習的行法，當中第二個五百年為禪定。三階學者指出淨土教所勸修的十六觀、念佛三昧等行法，正是禪定法，因此衡之以經意，只適合在佛滅後第二個五百年習行。從而又說：

> 《維摩經》言：「菩薩成就八法，於此世界，行無瘡疣，生於淨土。」[23]信行禪師言：此八法是第三階眾生往生之法。《觀經》等教，是第二階人往生之法。今日既多是第三階眾生，如何學第二階法，求生淨土？[24]

《觀經》所出的十六觀等，乃是第二階眾生往生之行法。今時正當第三階，要往生淨土，便不能因仍舊慣，應當改為專修三階教所宣示的八種普敬之法。[25]三階學者並且舉出《維摩經》：「菩薩成就八法，……生於淨土」的話，做為其主張的證言。

懷感在回答這駁難時，把十六觀和念佛三昧分為淺、深兩個層次：

---

23 《維摩詰所說經》卷下〈香積佛品〉第一〇，《大正藏》卷一四，頁五五三上～中。

24 《群疑論》卷四，《大正藏》卷四七，頁五〇中。

25 這「八法」為：如來藏佛法、普真普正佛法、無名無想佛法、拔斷一切諸見根本佛法、悉斷一切諸語言道佛法、一人一行佛法、無人無行佛法、五種不忏盡佛法。參閱矢吹慶輝，前引書，頁四八五～四八七；西本照真，前引書，頁三一五～三三三；楊曾文，前引文，頁七九～八〇。

十六觀與念佛三昧，有淺有深。深即於四靜慮未至中間禪，於修慧中做十六觀及念佛三昧；淺即依欲界聞、思慧心，攝念做意，亦得修十六妙觀、作念佛三昧。……初二百年解脫禪定得堅固者，此據色界修慧定心也；若聞、思心想成者，通第二、第三等五百年也。[26]

懷感表示十六觀和念佛三昧可以是在未進入四禪前、爲欲界禪階段所修，這是淺；亦可以是在進入四禪之初禪後、在未進入中間禪之前，爲色界禪階段所修，這是深。[27]深者乃是《大集經・月藏分》所說那種「定」，只適合佛滅後第二個五百年修習；而淺者亦適合往後各五百年時期修習。懷感舉引《觀經》的話，支持這淺、深的界別：

故《觀經》言：「如此想者，名爲粗見極樂國地。若得三昧，見彼國地，了了分明，不可具說。」[28]故知「想」成粗見，爲欲界聞、思心地；「得三昧」「明」「見」，爲色界修慧心也。[29]

---

26 《群疑論》卷三，《大正藏》卷四七，頁四七上。

27 佛教把禪定自下至上，劃分爲欲界禪、色界禪、無色界禪三重。修禪定還未進入四禪時，爲欲界禪階段，那時修習者仍然有欲界之感受。四禪爲色界禪階段，那時修習者已離欲界之感受，而與色界之感受相應。又四禪中之初禪，還有尋、伺之分別心念，要到第二禪方才斷滅；而在初禪和第二禪之間，有一種唯有伺、無有尋之禪定，是爲「中間禪」。

28 《大正藏》卷一二，頁三四二上。

29 《群疑論》卷三，《大正藏》卷四七，頁四七上。

《觀經》在描述十六觀中第二種水觀後，說到作水觀者「粗」見極樂世界；又對比地提到證得三昧者，能「了了分明」地見彼世界。依懷感所見，這顯示觀想極樂世界，有粗和淺、深和妙之不同。懷感又舉引《賢護經》的話，證明末法時期並非不合修一切禪定法：

何因《賢護經》第三卷說：「賢護！我滅度後，……正法滅後，……此三昧典復當流布於閻浮提，……爲他解釋，如說修行。」又第二卷說言：「賢護！……如來滅後，於最末世五百年終，法欲滅時，……還當得聞如是三昧，……讀誦受持，思惟其義，爲他解說，乃至一日一夜行是三昧。」[30]故知此最後言，即是第五五百年終後行此三昧，如何乃言第二五百年後非是學此三昧時也？[31]

《賢護經》記佛陀講說「思惟諸佛現前三昧」，一再囑咐後學於正法消滅之世，廣予流布，勸眾修習，如是又怎可以說佛滅第二個五百年後，便不再是習學念佛（「思惟諸佛」）一類禪法（「三昧」）之時？至於三階學者舉引《維摩經》的話，作爲其所宣說的「八法」的證明，懷感如是反詰：

---

30 參見《大方等大集經賢護分》卷三〈戒行具足品〉第七、與及〈受持品〉第五，《大正藏》卷一三，頁八八四上、八八〇上。

31 《群疑論》卷三，《大正藏》卷四七，頁四七上～中。

按（信行）禪師立教之意，以當根佛法爲宗。……然禪師以其三義尋教，知是當根法門：一依時，二約處，三准人。……然禪師自立其義，而自乖其趣。何者？《觀經》言如來今日教韋提希及未來世一切凡夫，爲煩惱賊之所害者，說清淨業。[32]及未來世，惡「時」也；爲煩惱賊之所害者，惡「人」也；此教化茲穢土，惡「處」也。然此經具斯三義，計是當根佛法。……《維摩經》八法不言爲未來世，非惡「時」也；菩薩成就八法，非惡「人」也；唯有化茲穢土，是惡「處」也。此經有斯一義，闕彼二門，而言當根，何義也？[33]

三階教約「時」、「處」、「人」判別三階，就自身的教法最能符應第三階的惡時、惡處、惡人的需要，自許爲當根法門。然而《維摩經》述說八法，只提到它們因應娑婆穢土之惡「處」設立，既沒有說它們是針對未來之惡「時」，更且謂「菩薩成就八法」，顯然並非視它們爲惡「人」之行法。反之，《觀經》述說三福十六觀時，分明表示它們是爲未來惡「世」這娑婆惡「處」的煩惱惡「人」所說示。如是約之三階教自身的準則，淨土教方才是眞正的當根法門。

㈢往生極樂世界爲易行的問題

---

32 參見《大正藏》卷一二，頁三四一下。

33 《群疑論》卷四，《大正藏》卷四七，頁五〇中～下。

淨土宗由宣稱念佛法門簡單易行，進而宣稱往生極樂世界為容易。三階學者舉引《菩薩處胎經》的話，挑戰這說法：

《菩薩處胎經》第二卷說：「西方去此閻浮提十二億那由他，有懈慢國，其土快樂，做倡伎樂，衣被服飾香華莊嚴。……眾生欲生阿彌陀佛國者，而皆染著懈慢國土，不能前進生阿彌陀國。億千萬眾，時有一人，生阿彌陀佛國。」[34]以此經准，難可得生，何因今勸生彼佛國也？[35]

《菩薩處胎經》提及西方有懈慢國，那裏多有倡伎等享樂，以至眾生耽著安逸，能夠往生彌陀佛國者少之又少，於億千萬中僅有一人。三階學者由是推論往生極樂世界其實是極困難之事。

懷感通過解答這質難，申明修習往生西方淨土行業要純一無雜：

只由此經有斯言教，故善導禪師勸諸四眾專修西方淨土業者，四修靡墜，三業無雜，廢餘一切諸願諸行，唯願唯行西方一行。……此經下文言：「何以故？皆由懈慢執心不牢固。」是知雜修之者，為執心不牢之人，故生懈慢國也，正與《處胎經》文相當。若不雜修，專行此業，此即

34 《菩薩處胎經》卷三〈八種身品〉第八，《大正藏》卷一二，頁一〇二八上。

35 《群疑論》卷四，《大正藏》卷四七，頁五〇下。

執心牢固，定生極樂，妙符隨順往生經旨。……故知雜其行，墮於懈慢之邦；專其業，生於安樂之國。斯乃更顯淨門專行而得往生。豈是彼國難往，而無生曷哉？學徒不可不專其道也。[36]

懷感指出《菩薩處胎經》繼而說明懈慢國眾生所以難於往生彌陀佛國的原因，在於他們「執心不牢固」。懷感依此作出引申，表示懈慢國眾生所以生於懈慢國，以至難於往生極樂世界，在於他們雜修各種行業。而善導正是有見及此，遂斤斤以專修西方淨土行業爲訓，力勸學者廢止其他一切願行，「唯願唯行西方一行」。那樣往生極樂世界便指日可待。

四、往生極樂世界眾生問題的爭論

從《群疑論》的記述所見，三階學者還嘗試從三階教的角度，解讀淨土經論的說話，處理其中的疑難。其處理的手法和提出的解說，多有跟淨土宗門不同地方，引起了爭論。其中尤以涉及往生極樂世界眾生問題的地方，最值得注意。例如《觀經》把造五逆的下品下生眾生，納入十念往生者範圍內；而《大經》的「念佛往生願」則把造五逆罪者，排除在念佛往生者之行列外。三階學者對兩經這不一致地方，有如下解釋：

---

36 同上註。

《觀經》取者，是第二階人；《壽經》除者，是第三階人。[37]

這解釋從三階教的念佛爲第二階、非第三階的行法的觀點出發，表示《觀經》所攝取者，要爲第二階人，包括那些造五逆罪者；《大經》所排除者，要爲第三階人，包括那些造五逆罪者。既然《觀經》所攝取和《大經》所排除的造五逆罪人，一爲第二階，一爲第三階，並非同一對象，那麼它們的說法便沒有矛盾。

三階教這解釋認定有念佛不能往生者（第三階人），跟淨土宗主張一切念佛者皆能往生的立場相違，自然不是懷感所能接受：

> 信行禪師釋此兩經除取，以二、三階別取，失經旨歸。若依所解，便有太過失及太減失。太過失者，第二階人亦造五逆，名是同，應同是除也；太減失者，第三階人不造五逆，無文說除，應等是取也。[38]

懷感認爲犯罪相同者，受報應該一樣。第二階人要是犯五逆罪，他們便應當如《大經》所說，不能念

---

37 《群疑論》卷三，《大正藏》卷四七，頁四四上。

38 同上註，頁四四中。

佛往生；第三階人要是沒有犯五逆罪，既然經文沒有明言不犯五逆罪者有念佛不能往生的情況，他們便應該可以通過念佛，而得以往生。今三階論者把犯五逆罪的第二階人，包括在念佛往生者之內，這是對他們太過寬容，犯了「太過失」；把不犯五逆罪的第三階人，包括在不能念佛往生者之內，這是對他們排貶太甚，犯了「太減失」。

或有三階學者對懷感以上的詰難，做出如下答辯：

「唯除五逆」等言，即是除一切第三階也。以第三階者並是純邪無正、純惡無善之人，無始迄今有愆犯，皆一切諸佛之所不救，十方淨土咸共擯棄。……今言悉是五逆之者，未必現害二親，出佛身血，殺阿羅漢，破和合僧，現造逆愆，方名逆者。但是其人根機極惡，邪正俱邪，善惡俱惡，……雖非即行其逆，然是造逆根機，是以用彼逆名，總除三階之類也。[39]

三階學者辯稱第三階人皆是「純邪無正」、「純惡無善」，無始時來廣造眾罪。雖然他們在今世未必都犯五逆罪，但就他們同是「五逆根機」而言，可以稱他們全部爲「五逆人」。《大經》所謂「唯除五逆」的「五逆」，正是泛指具有「五逆根機」的所有第三階人。對三階學者這番辯解，懷感首先指出

[39] 同上註，頁四四中～下。

它「雖似救太減之失，亦全不救太過之難」，[40]只集中於解答對第三階人排貶太甚的疑問，完全沒有處理到對第二階人太過寬容的批評。他繼而分七點，詳細申示其論理上的錯失，例如他說：

又《觀經》言取「五逆」，即是已造逆人；願中除「五逆」，豈約根機說也？以此兩經相望，故非是彼根機。[41]

《大經》和《觀經》作爲最根本的淨土教典，其用語的涵義應該是一致。今《觀經》提到的「五逆」人，明顯是已造五逆罪者，則《大經》本願中所出的「五逆」人，也當是如此，而非只是具有造五逆罪的根機。懷感又表示：

即以能造逆故名「五逆根機」，即第二階人亦能造逆。既起逆是同，兩階何異？[42]

並在這段話後附加以下案語：

第一階人根正，能以善覆惡，造罪便少。第二階人、第三階人根邪，能以惡覆善。起過不等，

---

40 同上註，頁四四下。
41 同上註，頁四五上。
42 同上註，頁四四下。

第二階人也。[43]

懷感認爲「五逆根機」當是指「能造（五）逆」。今依照三階教的三階根機分類，第一階人根器純正，能以善覆惡，不會造五逆罪；第二階人的根器則有偏邪成分，能以惡覆善，會造過失不等的惡行，包括過失最深重的五逆罪。既然第二階人跟第三階人一樣能造五逆罪，他們應當也是「五逆根機」，何以他們卻能念佛往生，而第三階人卻不能？此外，懷感還指出：

又未造逆人，是造逆根機，故即名五逆之者，亦可具淨戒人，是可得聖者，雖未證聖道，應亦名爲聖人。若言我是聖人，……又成波羅夷罪，何名持戒人？[44]

要是如三階學者所言，具有五逆根機便可稱爲五逆人，那麼具足淨戒的修行人，雖然未證成聖果，亦可就其具有成聖的根機，自稱爲聖人。然而在佛教裏，未成聖而自稱爲聖人，乃是波羅夷罪之一種，[45]受到佛陀嚴厲責斥。[46]

---

43 同上註。
44 同上註，頁四四下~四五上。
45 波羅夷爲最嚴重的惡行。造這種惡行的人永遠被擯逐於佛門之外，死後必墮地獄。
46 以上所出分別爲七點駁難的第五、第一、第四難。其他駁難陳義不大明晰，且多強辭奪理地方，這裏不贅述。

另外一些三階學者試圖引入普法觀念，來化解「太過」和「太減」的疑難：

又有釋彼「除五逆」經言，不造五逆第三階人，非是不得生於淨土，然須行於普法，方始生彼西方也。如造於逆愆，縱行普法而不住。故法藏弘願，唯除第三階造五逆者。若其第三階眾生造五逆者，縱令行於普法，亦不得生淨土；如其不造五逆，行普法定得往生。[47]

這答辯肯認不造五逆的第三階人也可以念佛往生，唯一條件是要踐行三階教所教示的普法；至於造五逆的第三階人，則縱使習行普法，仍然不能念佛往生。如是依這辯解，《大經》所排除的要爲第三階眾生中造五逆者；第三階眾生只要不造五逆，便可以通過實行普法，再經由念佛，往生西方極樂世界。三階學者進而以此爲據，大力稱揚普法和其創說者信行的偉大：

是以（信行）禪師智慧廣弘，慈悲厚愍，此第三階沈淪穢土受生，故開普眞普正法門，接引純邪純惡之輩，使學當根佛法，皆令生彼西方。此乃法藏之所不論，釋迦之所不說，禪師獨開此教，拔彼第三階人。……我等欣聞集錄，頂戴受持，更不讀誦眾經，披尋改年歷日。哀哉汝等！因執前非，還復讀彼別經，造其地獄之罪！……今爲此釋，可當除其惑也。[48]

---

47 《群疑論》卷三，《大正藏》卷四七，頁四五上。
48 同上註，頁四五上～中。

引文稱頌信行「智慧廣弘，慈悲厚慇」，於今時第三階末法時代，受生第三階沈淪穢土，向第三階邪惡眾生，開示普眞普正佛法，令他們可以往生西方。其所宣示的教法，爲法藏菩薩所未論，釋迦佛所未說，乃是專爲濟拔第三階人而設。引文的說者還自述他欣聞信行之言後，加以集錄，反覆披閱，從此不再讀誦各種佛經；又慨嘆時人固執前非，還繼續誦習別法經典，以至來生要受地獄之苦。

懷感對這辯解，跟對前一辯解一樣，首先指出它「似釋太減之失，亦全未解太過之難」；[49]只解答對第三階人貶抑過甚之評難，而完全沒有回應對第二階人過份寬容之質疑。又這辯解宣稱不造五逆的第三階人，要是實行普法，便可以依《大經》所言，十念阿彌陀佛，得以往生極樂世界；然而它對普法和念佛之間的關係，並沒有作出界定。懷感繼而特別針對這方面，提出一連串疑問。懷感質問究竟《大經》本願中所謂「十念」，是普法還是別法？若說是普法，便有如下問題：

> 若是普法者，此十念言，但是十念阿彌陀佛，此念別佛，如何是彼普耶？一難。[50]

首先，從三階教「普敬一切佛」的立場看，敬念某一特殊的佛，例如阿彌陀佛，乃是敬念別佛；而敬念別佛怎能是普法？

---

49 同上註，頁四五中。

50 同上註。

又若普者，即是第三階法。何因判此經等為第二階之教耶？二難。[51]

其次，根據三階教，《大經》乃是別法經典；而十念往生作為別法經典之教法，又怎能是普法？

又若普者，此與《觀經》下品下生具足十念稱阿彌陀佛，有何差別？而《觀經》十念是別法，願中十念是普法。同是一言，遂成二別。三難。[52]

再者，三階教既然以《觀經》所攝取的「具足十念」的下品下生人為第二階人，也便是以《觀經》所謂的「十念」為別法。今要說《大經》所謂「十念」是普法，它便應跟《觀經》所說的十念有差別；然而差別究竟在哪裏呢？況且《大經》和《觀經》用語的涵義應該一致，不會有一說普法，一說別法的情況。

又普法能救第三階人，即唯救不造逆者；何為別法能救第二階者，亦救造逆之人耶？為是第三階人造逆竟，無得滅罪之義，而不得往生也？為是亦得滅除，但曾造逆人，不合生於淨土？請開演也。[53]

---

51 同上註。
52 同上註。
53 同上註。

最後，懷感質疑要是《大經》所說的十念是普法，何以它不能救拔第三階的造五逆者，反而《觀經》的別法十念，卻能救拔第二階的造五逆者？這是否因爲造過五逆的第三階人不能滅罪？或者即使能滅罪，只是因爲造過五逆罪緣故，不適合往生彌陀淨土？這些疑點還有待解釋。

要是三階學者謂《大經》所說「十念」是別法，這一樣會衍生連串問題：

若此十念是別法者，第三階人逆與不逆，修行別法，悉不得生。此以別法除人。除人還招過滅之過。[54]

首先，根據三階教，別法是第一和第二階的教法，對第三階眾生產生不了作用。那麼要是《大經》所說的十念是別法，則所有第三階眾生，無論造五逆或不造五逆，都同樣不能通過修習十念而往生。如是便重新挑起對第三階人貶抑過甚的爭議。

又法藏比丘如經所讚，是大菩薩，……悲智具足，廣攝眾生。如何發大誓願，接引有緣極惡眾生，令生淨土，乃唯以別法發願，救茲第二階人；不普法立誓，遂除第三階者？[55]

---

54 同上註。

55 同上註，頁四五下。

再者，如《大經》所讚言，法藏乃是大菩薩，並非普通的修行者。大菩薩具足悲智，以普渡一切眾生爲己任；又怎會以別法發願，以至令到第三階眾生不能念佛往生。懷感繼而列舉一系列法藏可能以別法發願的理由；其言下之意，是它們都不成理由：

> 爲是第三階人竟無往生之分，法藏爲同敗種，而願不攝彼耶？爲是亦合難得生，而法藏不能解，垂其普教，救彼第三階者，除而不取其人耶？爲復解而不說，惜法不教眾生，悲心不及此人，不攝令生淨土也？爲是雖具悲智，直爲此類難化，我今不能度彼，付與信行禪師？[56]

要是法藏以別法發願，以至不攝取第三階眾生，這可以是基於什麼原因呢？是因爲有鑒於第三階眾生畢竟沒有往生的性分，無論如何都不能往生？是因爲他根本不知道有普法這回事？是因爲他雖然知道普法，但其悲心不及第三階人，不願意以普法化度他們？是因爲他有見第三階人難於化度，自己無能爲力，遂把他們付託給信行？懷感又繼續追問：

> 則法藏解行未圓，容許攝生不盡，釋迦既成正覺，何因不度斯人？……遺棄重病之子，何名遍怜者哉？空言所應度者皆以度訖，其未度者亦已作得度因緣，斯言謬述也！……故知佛可爲三

56 同上註。

階眾生別說《普經》一卷，令無信行禪師之處眾生生於西方。世尊不說此經，深成大失也。又《無量壽經》是於別教，大師以慈悲，經道滅盡，特留住世百年。何因普教當末運，不留普法化生；別教教非惡時，乃留別經損物？大悲救苦之主，豈宜如此逗機？[57]

法藏還是菩薩，智解和修行容有未圓滿地方；然而釋迦是佛，已經成就正覺，何以他亦不說普法，卻留下說別法的《大經》，作爲急需普法之末代惡時的眾生的指引？要是他這樣做，便是不能逗機，教令所有未能接觸到信行的普法的第三階眾生，都不能往生西方。釋迦自稱爲「遍憐者」，起誓要做一切未得度者的得度因緣；這些豈非都成了空言？

何但釋迦如來不解救第三階人，亦乃十方恒沙諸佛舒舌證其別法，唯救第二階者；不舒舌證其普法，濟彼第三階人耶？寧容大聖世尊，十方種覺，具一切智、一切種智，恩行四等，悲同一子，減共匿茲普法？……而信行禪師更能垂巧方便，陳於普眞佛法，救得第三階人。即慈悲勝於釋迦，智慧過於無量壽。即於無上調御，翻成有上世尊；無等等者，便成過等正覺。即信行禪師，乃應勝佛者也！[58]

---

57 同上註，頁四五下～四六上。

58 同上註，頁四六上。

又十方恒沙眾佛在釋迦演說淨土法門時，舒廣長舌，印證其言；[59]而不見他們舒廣長舌，印證普法。這樣一來，不但釋迦佛，十方所有佛亦都不關心第三階人的需要；唯有信行方便善巧，陳說普法，加以救拔。如是看來，釋迦佛、阿彌陀佛、以至所有佛都是虛有「無上調御」、「無等等」之尊號，其實還有居他們之上，超過他們的等位者在，那便是創立三階普法之信行！懷感這裏步步進迫，目的顯然是要把謗佛的重罪，加諸三階論者身上。

此外，《大經》的「念佛往生願」除了排除造五逆罪者外，亦排除誹謗正法者。三階學者引述《大集經·月藏分》「娑婆世界，誹謗正法，毀呰賢聖眾生，一切十方清淨佛土共所擯棄」的話，[60]強調謗法眾生罪惡深重，爲一切淨土所擯棄；並從其「《壽經》除者，爲第三階人」的觀點出發，把經文所提到爲一切淨土擯棄的謗法眾生，說爲是泛指所有第三階人；表示既然所有第三階人爲一切佛土擯棄，他們便都不能往生西方淨土；由是質疑淨土教門一切眾生皆可往生西方的說法。懷感對此質難有如下反詰：

> 若如三階禪師作此難者，未知娑婆世界第二階人許誹謗正法，毀

59 參見《阿彌陀經》，《大正藏》卷一二，頁三四七中～三四八上。

60 參見《大集經》卷五六〈月藏分〉第一二〈星宿攝受品〉第一八，《大正藏》卷一三，頁三八〇下。

皆賢聖，無擯棄不？若許擯棄，爲得生淨土不？若不得生，何因禪師將此經文，偏證第三階者不得生耶？若得生者，此人既謗法，毀賢聖，即當擯棄，何因得生淨佛土耶？若謂第二階人不謗法，（不）毀賢聖，即無擯棄，故得生者，何爲得造闡提，而不得謗法也？若謂得謗法毀聖，而淨土不擯，故得生者，請出聖教，有何經文？若謂雖謗法，毀賢聖，淨土所擯，然根正過輕而得生者，何謂彼經言棄，此經便取？[61]

懷感反問三階學者要是說《大集經》所擯棄的謗法眾生爲第三階人，那麼第二階人又如何？是否第二階人也有謗法，從而受擯棄，由是不能往生的情況？要是說第二階人不會謗法，那麼何以三階教卻肯認第二階人中有極惡的一闡提呢？[62]要是說第二階人有謗法情況，那麼何以三階學者特別舉出《大集經》謗法受擯的話，作爲第三階人不能往生西方的證言？要是謂第二階人雖然有謗法情況，但由於他們沒有被擯棄，因此能往生西方；這豈非跟《大集經》謗法受擯之說矛盾？要是說第二階人雖因謗法而被擯棄，但由於他們根器純正，謗法的程度較輕，從而可得往生，這仍然未能免乎有違經教之疑難。蓋《大集經》分明表示謗法者被一切淨土擯棄，又怎可說有謗法者被淨土攝取的情況？懷感繼續追問：

---

61 《群疑論》卷三，《大正藏》卷四七，頁四七中。

62 「一闡提」乃佛經對極惡眾生的稱呼；而佛經談到一闡提的惡行，往往提及謗法。

又一切第三階人悉唯居在娑婆世界，咸悉謗法毀賢聖耶？若悉毀謗者，在於胎藏初生嬰孩，豈能謗正法、毀賢聖耶？若許亦有第三階人不謗法毀聖，此即不當擯棄之限，何因亦言不生淨土，而引此經爲其證也？若謂今生雖未毀謗，過去皆悉曾毀謗者，寧知第二階者不曾謗毀耶？若謂此經之意欲顯第三階者純邪無正，謗與不謗，咸擯不得往生；第二階人亦邪亦正，毀與不毀，咸悉得往生淨土者，此之聖教，還有太過太減二失：太過失者，浪擯第二階謗毀人也；太減失者，謬不棄第三階不謗毀人也。禪師宗途引文解義，常與聖教一倍相違，下愚未敢見其能處也。63

三階論者以爲《大集經》所擯棄的謗法眾生泛指所有第三階眾生，是否因爲他們認爲一切第三階眾生悉曾謗法？然而有此第三階眾生，例如在胎藏中的初生嬰兒，明顯是未曾謗法，那該怎樣解釋呢？要是說他們既然沒有謗法，當不在擯棄之列，可以往生西方，那便與三階學者舉引《大集經》之文證明第三階眾生不能往生之本意有違。要是說他們雖然今生未曾謗法，在過去世皆悉曾謗法，故此受擯而不能往生，然而第二階眾生何嘗沒有在過去世謗法的情況，何以三階論者卻主張第二階眾生悉能往生？被追問至此，三階論者或轉過來堅持其對《大經》念佛往生說法的理解，表示第三階眾生根機純邪無正，無論謗法不謗法，都應悉受擯不得往生；第二階眾生根機亦邪亦正，無論謗法不謗法，都應悉得往

---

63 《群疑論》卷三，《大正藏》卷四七，頁四七中～下。

生。這樣一來，他們便不當視《大集經》的話爲其立場的證言。蓋《大集經》明顯要說所有謗法者皆不能往生；要是三階論者所言爲實，《大集經》便有另一形式的「太過」和「太減」之過失：它把謗法的第二階眾生也加以擯棄，排貶他們過甚，犯了「太過」失；它不擯棄不謗法的第三階眾生，對他們排貶不足，犯了「太減」失。總之，三階學者經常舉引經文申釋其說法，卻處處顯露其立論跟經文本義嚴重相違，又怎能叫人信服呢？

又三階學者既然主張第三階眾生不能念佛往生，自然反對淨土教不擇善惡，同得往生的看法。他們遍引《佛藏經》、《十輪經》、《法華經》、《觀佛三昧海經》排毀破戒比丘、造十惡輪罪者和誹謗佛法者的話，駁難淨土教這觀點。其設難和懷感的答難，上文闡述懷感的極惡往生思想時已詳及，今不贅言。[64]於這方面，三階學者還質疑既然惡人具有貪、瞋、癡三毒，而依佛經所言：「內有邪三毒，外感神鬼魔」；那麼安能保證惡人因修習念佛三昧而觀見的阿彌陀佛，以及臨終時覩見來迎的阿彌陀佛，非是神鬼魔的化身？懷感對這幾近無理取鬧的來問，反應頗爲激烈：

> 但阿彌陀佛四十八願，接引一切罪惡眾生，悉得往生，聖教明說。古今已來有諸傳記，咸陳嘉端，清樂神香，善相皎然，豈虛構也！汝須聞此妙法，見眾善相，理須發菩提心，專心修學。

---

64 參閱本書第五章第二節。

而乃不尋聖教，靡信佛經，見有修行，反生誹謗。此是汝邪三毒，感神鬼魔，令汝顛倒亂心，謗諸佛教，自毀正信，壞他深心。……何須要爲現形，做諸佛相，方名神鬼三毒感耶？[65]

懷感指出阿彌陀佛許下四十八願，令一切罪惡眾生悉得往生，這是佛經所明言，不容懷疑。況且古今諸往生僧人的傳記，記述阿彌陀佛來迎時香花滿室，天樂喧天，歷歷如在目前，不可能是虛構其事。今三階學者不信聖教，橫生誹謗，自毀正信，誤導他人，這是他們的邪三惡，感神鬼魔；神鬼魔不一定要化現具體形相，方能害人。至於佛經「內有邪三毒，外感神鬼魔」的話，懷感認爲應這樣理解：

有邪三毒，不能覺察，作身語意諸辭惡業，毀壞正見，事鬼事神，此名「內有邪三毒，外感神鬼魔」也。雖有邪三毒，能親近善知識，依三藏聖教諸了義經，發菩提心，修諸善品，正信正見，而無神鬼魔也。縱有眾魔，亦不得便，諸佛護念爲其勝緣，自菩提心爲其正因，何有魔鬼而來惑也？[66]

懷感表示佛經所謂「內有三邪毒，外感神鬼魔」，是專指那些有邪三毒而又不能覺察，排毀正見，奉

---

65 《群疑論》卷四，《大正藏》卷四七，頁五一下。

66 同上註，頁五二下。

事鬼神，廣造惡業的人。至於有邪三毒，卻能深自省察，進而發菩提心，起正信正見，廣修善行的人，他們是不會感現神鬼魔的。就算有神鬼魔出現其前，他們因爲有諸佛爲外護，菩提心爲內護，並不會受到迷惑。懷感舉引《稱讚淨土經》：「於此雜染娑訶世界，五濁盛時，若有淨信諸善男子或善女人，得聞如是阿彌陀佛不可思議功德名號、極樂世界清淨莊嚴，聞已生信，當知此人無量佛所，曾種善根，如說修行，一切定生無量壽國」這段話[67]，申明修往生西方業者，皆深植善根，由是即使惡魔來誘，也不能蒙蔽其心。懷感還進一步引述《維摩經》：「十方世界中做魔王者，皆是住不可思議解脫，菩薩以方便力教化眾生，現作魔王」的話，[68]勸勉修行者就算果然見到鬼魔，也不用氣餒，因爲這些可能是菩薩教化眾生時權宜呈現的相狀而已。

---

67 同上註，頁五二上。原經文見《大正藏》卷一二，頁三五一中。

68 同上註，頁五二中。原經文見《維摩詰所說經》卷中〈不思議品〉第六，《大正藏》卷一四，頁五四七上。

總結

本書分六章，對懷感的淨土思想，作出重點闡析。

第一章介紹懷感的生平和思想背景。懷感生平事蹟現在可知者不多。從現存史料所見，他活躍於唐朝初年高宗、武后掌政年間（七世紀下半葉），嚴於守戒，長於義學，受到善導感化而歸宗淨土教門。善導的淨土教學主要以《觀經》爲根據。《觀經》宣稱造五逆十惡的重罪眾生，臨終以聲稱唱阿彌陀佛名號，亦能夠往生西方極樂世界。善導發揚《觀經》這說法所表露的包容精神和平易取向，進一步倡說不但單造五逆十惡這些惡行者，甚至兼造謗法重罪的人，都可以往生；又提出「稱名正業」之說，高舉口稱阿彌陀佛名號，爲往生最重要和最簡捷的法門。懷感印許善導教學這精神和取向，但由於他對理論分析的興趣，加上受到法相宗思想影響，以至在一些關節地方出現偏離，透露出跟先師有別的觀點。

阿彌陀佛的身位和極樂佛土的品類，乃是中國淨土教理最廣受關注的課題。懷感以前的淨土宗師如道綽、善導等，本著推尊彌陀信仰的立場，把阿彌陀佛和其極樂佛土，判屬較高層次的報身佛和報佛土，以求顯揚兩者的崇高性和清淨性；對一些論者把兩者歸入較低層次的化身佛和化佛土，倡說它們還雜有煩惱性，作出強烈駁斥。第二章探討懷感對這些問題的意見。懷感採納了法相宗之法性、受用、變化三種佛身、佛土分類，當中受用、變化兩類，分別相當於傳統所謂報身報土、化身化土。懷感又依從法相宗的成習，進一步把受用一類細分爲自受用、他受用兩門。懷感把上述分類，應用在對阿彌陀佛的身位和極樂佛土的類別上，其討論主要以後者爲焦點。懷感一方面繼承善導的觀點，視極樂佛土爲「唯受用土」之說法爲正義，並且主張極樂佛土爲「非三界攝」，在表「相」上是完全清「淨」。在另一方面他沒有斷然否定極樂淨土「唯變化土」的看法，反而更因爲受到法相宗的污染本識和唯識教說影響，以至有極樂佛土本「體」上爲污「穢」的構想；這便跟善導極力否認極樂佛土具有任何煩惱性，有所分歧。還有値得注意的是懷感解釋何以極樂佛土可以一方面是「體穢」，另方面是「相淨」時，舉出阿彌陀佛的弘誓之不可思議力量作爲論據，從而凸顯了淨土教門的他力本願思想。

往生阿彌陀佛的極樂世界，乃是中國淨土教門的歸向。第三章闡述懷感的往生論。爲了誘發學眾願求往生的意願，懷感極力宣揚往生的利益。他通過比較極樂世界之喜樂和色界的喜樂，彰示往生前者利益的殊勝；又通過解釋何以只勸人往生極樂世界，而不勸人往生其他佛土，稱美極樂世界的利益是凡聖共被，易修易證。由於受到法相宗注重論理的習尙所感染，懷感對往生過程各階段所牽涉的一些問題，表現出濃厚興趣，作出深細辨析，成爲他的淨土思想的主要特色。例如要往生必須修習往生的行業。懷感關注及往生行業所屬業的類別問題，就通行的「四業」、「三業」這些業的分類，是用來界別感生輪迴三界穢土之行業，推論往生極樂淨土的行業當是不屬於這些分類中任何一類。又例如據《大經》所說，修往生行業者臨命終時，阿彌陀佛會「來」現其前，「迎」接他們進入極樂世界。依懷感的詮釋，這是說阿彌陀佛慈悲爲懷，從其大圓鏡智，變起有生滅變化形象的佛身，親自前來迎接。此外，據《俱舍論》、《雜集論》這些流行於法相學統的佛典，輪迴轉生的發生，是由於有煩惱潤生，而且有「中有」充當前、後兩期生命的連繫者。懷感認爲往生極樂世界雖然跟輪迴轉生是截然不同的兩回事，但作爲一種「生」，它應該也有煩惱潤生和中有的歷程。依懷感的解說，往生者雖然跟輪迴轉生者不同，臨終時不起顛倒心，沒有現前煩惱；然而由於他們先前做過不少煩惱行爲，累積煩惱種子，這些煩惱種子的潤生作用，令他們不能證入涅槃，而要受「中有」。他們以「中有」的存在狀態，坐在蓮花中，抵達極樂世界的七寶池，轉而受「生有」；而「中有」跟「生有」是「勝劣有別，明晦有殊」。懷感還根據《觀經》所言，進一步作出引申，表示相應往生者證道品位高下不同，其所乘的蓮華亦有勝劣之殊別；並且除了最高的上品上生者外，其他所有往生者都依其品位高下，停住在寶臺或蓮花內或短或長一段時期。其中停住時期最短的上品中生人，也要等候相當於我們這娑婆世界的半劫的漫長時間，待其所乘往生的寶臺啓開，才可得見阿彌陀佛，聽他說法，受用極樂世界的勝益。又懷感在顯揚往生極樂世界眾生所得利益勝妙的同時，又表明他們仍然未能完全脫離生死、痛苦和煩惱，並且以爲雖然《大經》形容他們爲「不退轉」和「唯是正定聚」，其實他們並非全部已經達至娑婆穢土的聖者所證得的四重不退轉，也並非全部像娑婆穢土的「正定聚」者已經得證四重不退轉的最高一重。至於一些經論說極樂世界的眾生「速證菩提」，懷感表示這是對比娑婆穢土的眾生晚證而說，並沒有一蹴即就、不歷階次的意思。懷感較多申示極樂世界眾生的局限，反映了中國淨土教門在善導以後趨於平實的轉向。

淨土教門既然以往生極樂世界爲歸向，對達成這歸向的途徑的問題，自然非常重視。第四章中述懷感有關往生極樂世界方法之論說。根據懷感，往生極樂世界的途徑有很多種：無論是孝養雙親等世間善法，或是持頌大乘佛經等出世間善法；無論是《觀經》所出十六觀中前十三觀等定善法，或是後三觀等散善法；都是往生之入門。在各種往生法門中，懷感承襲善導的做法，特別強調念佛的效益，聲稱專修念佛便足以往生，修習其他法門並非必須。懷感進而說明念佛並非一樣事情，而是有各種方式，以適應不同眾生的能力：可以是較易行的口念，也可以是較難行的心念；心念又可以是較淺近的有相念，也可以是較深遠的無相念；有相念又可以是以阿彌陀佛的佛身、佛土、名號爲對象，也可以是以其他佛的身、土、名號爲對象；而念的時間，可以是短暫至一念，也可以是久長至終其一生。懷感談到念佛，通常以心念爲主。跟淨土教門諸師一樣，在「有相」、「無相」兩種念的方式中，他較多闡述前者，尤其重視宣揚念阿彌陀佛的佛身、佛土、名號的效應，聲言最短時間的一念，亦可以教人往生。然而他同時推崇無相念佛爲極致，肯認念其他佛身、佛土、佛名跟念阿彌陀佛的功德並無二致，並且認同長時念佛要較短時念佛所得功德爲多。此外，由於《觀經》提到下三品重罪眾生命終時稱念阿彌陀佛名號，因而得以往生極樂世界，中國淨土教門大力推行臨終念佛。懷感約勝、少、易、滅、緣、迎、生七方面，解釋何以不教臨終的人修習其他善法，唯獨教他們專念阿彌陀佛，更特別指出教臨終者修習觀諸法實相爲不可行。另一方面，他警告要是臨終念佛後復做惡業，往生果效便會失去；又以念佛時間越長，所得功德越多爲理由，表明臨終念佛往生之說法，並非教人不用一生努力修行。還有，佛教經論經常談及長時專心念佛導至見佛、見佛隨眾等神妙體驗，稱之爲「念佛三昧」。懷感對念佛三昧所呈現各種境界，包括阿彌陀佛的勝妙身相、極樂世界的勝妙土相、以至一切眾生業相，作出詳細解說；並且根據法相宗的唯識思想，把它們說成是證得三昧者自心變現的影像，屬於識的四分中之相分；又強調它們皆有相應的現時的因，並非是幻象。懷感以爲不但是菩薩，一般凡夫、以至犯五逆謗法重戒的有情，都可以修得念佛三昧；並且根據自身的實修經驗，對一些修得念佛三昧的法門，包括自撲懺悔、獨處暗室和勵聲稱念，提供了說明。

第五章綜述懷感對往生極樂世界眾生品類的看法。懷感貫徹淨土教門一貫主張，堅稱極樂世界是對一切品類眾生敞開。根據懷感，輪迴六道中上至天道，下至地獄道，其間所有有情，不論造善造惡，由於有阿彌陀佛之大悲願力加持，一概可以往生極樂淨土；甚至五逆、十惡、謗法這三種最嚴重罪行，亦不會構成往生的永遠障礙。然而另一方面，懷感認爲造這些罪行者要往生，念佛必須具足十念，這便跟善導肯認極惡者念佛往生，不設任何條件，有所不同。又在《觀經》所言九品往生眾生之證道階位這富爭議性問題上，懷感認許九品往生者包括已經進入證道階位的賢聖，這跟善導堅持九品往生者皆是未進入證道階位的凡夫，亦有所分歧。概言之，懷感秉承善導「凡夫往生」和「極惡往生」之觀點，唯其立場不及善導來得鮮明和徹底。

從早期佛教注重自力，制立複雜的教義和修行方法，以解脫輪迴、證入寂滅涅槃為歸宿，到淨土教門提倡信靠阿彌陀佛本願的他力，高舉念佛為修行的要門，視往生極樂世界為信仰指向，這不能不說是一種近乎革命性的轉向。這轉向的出現，掀起了批難的浪潮；而懷感的《群疑論》，便是以答覆批難的體裁寫成。在眾多批難中，最常被提出者，要為往生說法為「著相」和為有違佛教的慈悲精神這兩點。本書第三章第四節檢視懷感對這兩點批難的答辯。在答辯中，懷感援用了中觀學統流行的「二諦」觀念，在承認往生教說為權宜的「俗諦」說法的同時，又根據中觀學統二諦不可偏廢的論點，強調其在佛陀教學整體的重要意義和特殊地位。此外，批難者每舉引《攝大乘論》的「別時意趣」觀念，質疑念佛的往生效用。本書第四章第五節申述懷感對這質疑的回應。在回應中，懷感指出《攝大乘論》說是「別時意趣」者，要是發願，而非是念佛；並提出種種理由，證明發願跟往生是不同的兩回事，不能因《攝大乘論》說發願往生為別時意趣，便類推念佛往生也是別時意趣。

在懷感的時代，彌陀信仰由於平易淺近，富包容性，而日漸流行。在當時流傳的其他佛教傳統裏，彌勒信仰和三階教同樣具備這些特性，因此亦同樣受到歡迎；但也因此以至一方面出現彼此混淆，另方面出現互相競爭的現象。懷感以弘揚彌陀信仰為己任，對這現象十分關注，在《群疑論》裏，運用大量篇幅，把這兩項傳統的教說跟彌陀信仰做出比較，並且答覆它們對彌陀信仰所提出的批難，力求突出彌陀信仰的殊特地方和優越之處。本書第六章析述懷感這方面的言論。關於彌勒信仰，彌勒信徒以極樂世界是報佛土為理由，宣稱它跟彌勒的兜率天界不同，非凡夫可以往生之所，經論說凡夫念佛往生，不過是別時意趣。他們又稱言彌陀處於多樂淨土，不及彌勒留在多苦穢土濟渡凡夫那麼大慈大悲。他們還辯說極樂世界多樂，欣趣它的人多，所以所得福德少；彌勒天界多苦，欣趣它的人少，所以所得福德多。針對這類言論，懷感分同和異兩方面，對往生極樂世界和往生兜率天界，作出全面比較，顯示無論是約聖教或是約論理衡量，前者都是較後者容易。他又詳細比較極樂世界和兜率天界，多方申示前者要遠比後者勝妙。值得注意的是懷感在強調彌陀信仰為優勝的同時，又肯認彌勒信仰也是佛陀所推許，鼓勵學者各隨性好，選擇其一，依其教修行，同樣得以蒙益；指斥那些堅執一己法門為是，排毀其他法門為非者為行魔業；其所取態度是調和的。在三階教方面，三階教把佛法界為別、普兩類；把傳統教法，包括淨土宗所弘揚的阿彌陀信仰，歸入別的一類；表示它們對現時末法之世的邪惡眾生，並不適宜；而獨舉三階教法為普一類的代表，為現今邪惡之世唯一可行的入道途徑。從這觀點出發，三階教對淨土宗自稱為當根所舉出的主要理由，一一加以責難，這包括《大經》「止住百歲」一語的涵義、念佛為簡單易行的說法及往生極樂世界為解脫的捷徑的主張等。三階教又把《大經》「念佛往生願」所排除的造五逆罪和謗法者，解釋為泛指一切第三階眾生，從而顯示淨土宗所鼓吹的念佛法門，現時並不可行。懷感站在淨土教門立場，對三階論者這些論難，逐點詳細加以反駁。他力辯淨土教是適合所有時代、尤其是末法時代的眾生修習的易行法門，申明甚至是極惡的造五逆罪和謗法者，也可以通過念佛而往生極樂。他還斥責三階教為信行私心自造，無經教為憑，其反對誦經禪定，是嚴重違反經意。其責難的措辭，流露強烈敵意，例如「將為毒藥，是地獄因，滅正法眼」、「此是汝邪三毒，感神鬼魔，……自毀正信，壞他深心」一類說話，[1]反映了淨土教門和三階教彼此矛盾之深。

淨土教門以簡易為標識，以末世鈍根為度化對象，建立理論系統非其首要之務。不過自南北朝以來，淨土三部經日益流行，成為各宗門共同研習的對象；又自隋朝開始，各新興佛教宗統相繼形成，其教理日趨複雜和成熟，在彼此交流同時又互相競爭。在這情況下，淨土教門是有需要為其對淨土三部經教說的取向和意義之理解，作出清晰判別；亦有需要提供經證和理證，去支持自身各種相關彌陀信仰的主張，以及回答其他宗統的難問；從而在百家爭鳴情況下，凸顯自家教法在佛門教學整體的特殊地位和意義。懷感的主要貢獻，是他把淨土教門這理論化的演進，推展至高峰。雖然他的學說在淨土教門日後發展裏，並未成為主流，沒有普遍受到重視；然而無論在處理問題的廣度和探究問題的精密度方面，無疑都達至可觀水平，表現出超卓的分析和綜合能力，是值得我們留意的。

---

1 參見上文第六章第二節註14和註65所引文。

參考書目

一、大藏經（以書名筆劃爲次）

《大正新修大藏經》，高楠順次郎、渡邊海旭編（東京：大正一切經刊行會，一九二四～一九三四年）

《續藏經》（香港：香港影印續藏經委員會，一九六七年）

二、漢譯佛典（以書名筆劃爲次）

《十往生阿彌陀佛國經》，失譯，《續藏經》卷八七

《大方等大集經・日藏分》，（隋）那連提耶舍譯，《大正藏》卷一三

《大方等大集經・月藏分》，（高齊）那連提耶舍譯，《大正藏》卷一三

《大方等大集經賢護分》，（隋）闍那崛多譯，《大正藏》卷一三

《大方廣佛華嚴經》（六十卷），（東晉）佛馱跋陀羅譯，《大正藏》卷九

《大阿羅漢難提蜜多羅所說法住記》，（唐）玄奘譯，《大正藏》卷四九

《大乘大集地藏十輪經》，玄奘譯，《大正藏》卷一三

《大乘同性經》，（北周）闍那耶舍譯，《大正藏》卷一六

《大乘阿毗達磨雜集論》，玄奘譯，《大正藏》卷三一

《大般若波羅蜜多經》，玄奘譯，《大正藏》卷七

《大乘起信論》，馬鳴造（？），（陳）眞諦譯（？），《大正藏》卷三二

《大般涅槃經》（四十卷），（北涼）曇無讖譯，《大正藏》卷一二

《大智度論》，龍樹造，（後秦）鳩摩羅什譯，《大正藏》卷二五

《大寶積經》，（唐）菩提流志等譯，《大正藏》卷一一

《文殊師利所說摩訶般若波羅蜜經》，（梁）曼陀羅仙譯，《大正藏》卷八

《中論》，龍樹造，青目釋，鳩摩羅什譯，《大正藏》卷三〇

《四分律》，（後秦）佛陀耶舍、竺佛念等譯，《大正藏》卷二二

《占察善惡業報經》，（隋）菩提燈譯，《大正藏》卷一七

《成唯識論》，護法等造，玄奘編譯，《大正藏》卷三一

《佛地經論》，親光造，玄奘譯，《大正藏》卷二六

《妙法蓮華經》，鳩摩羅什譯，《大正藏》卷九

《究竟一乘寶性論》，（北魏）勒那摩提譯，《大正藏》卷三一

《佛說仁王般若波羅蜜經》，鳩摩羅什譯，《大正藏》卷八

《佛說阿彌陀經》，鳩摩羅什譯，《大正藏》卷一二
《佛說華手經》，鳩摩羅什譯，《大正藏》卷一六
《佛說無量壽經》，（曹魏）康僧鎧譯，《大正藏》卷一二
《佛說彌勒下生成佛經》，鳩摩羅什譯，《大正藏》卷一四
《佛說藥師如來本願經》，（隋）達摩笈多譯，《大正藏》卷一四
《佛說灌頂隨願往生十方淨土經》，（東晉）帛尸蜜多羅譯，《大正藏》卷二一
《佛說觀佛三昧海經》，（東晉）佛陀跋陀羅譯，《大正藏》卷一五
《佛說觀無量壽經》，（東晉）畺良耶舍譯，《大正藏》卷一二
《佛說觀彌勒菩薩上生兜率天經》，（劉宋）沮渠京聲譯，《大正藏》卷一四
《阿毗達磨俱舍論》，世親造，玄奘譯，《大正藏》卷二九
《金剛般若波羅蜜經》，鳩摩羅什譯，《大正藏》卷八
《阿彌陀鼓音聲王陀羅尼經》，失譯，《大正藏》卷一二
《般舟三昧經》，（東漢）支婁迦讖譯，《大正藏》卷一三
《無量壽經優波提舍》，世親造，（北魏）菩提流支譯，《大正藏》卷二六
《菩薩從兜率天降神母胎說廣普經》，（後秦）竺佛念譯，《大正藏》卷一二
《瑜伽師地論》，彌勒造（？），玄奘譯，《大正藏》卷三〇

《維摩詰所說經》，鳩摩羅什譯，《大正藏》卷一四

《稱讚淨土佛攝受經》，玄奘譯，《大正藏》卷一二

《觀世音菩薩授記經》，（劉宋）曇無竭譯，《大正藏》卷一二

三、古代漢語論著（以作者姓名筆劃為次，同一作者論著以標題筆劃為次）

（清）王昶編：《金石萃編》（臺北：國風出版社，一九六四年）

（唐）文諗、少康（？）：《往生西方淨土瑞應刪傳》，《大正藏》卷五一

（日本）永超：《東域傳燈目錄》，《大正藏》卷五五

（隋）吉藏：《二諦義》，《大正藏》卷四五

（唐）明佺等：《大周刊定眾經目錄》，《大正藏》卷五五

（唐）飛錫：《念佛三昧寶王論》，《大正藏》卷四七

（唐）善導：《往生禮讚偈》，《大正藏》卷四七

——集記：《觀念阿彌陀佛相海三昧功德法門》，《大正藏》卷四七

——：《觀無量壽佛經疏》，《大正藏》卷三七

（日本）圓仁：《入唐新求聖教目錄》，《大正藏》卷五五

（唐）道世：《諸經要集》，《大正藏》卷五四

（唐）道宣編：《廣弘明集》，《大正藏》卷五二

（唐）圓照集：《大唐貞元續開元釋教錄》，《大正藏》卷五五

——：《貞元新定釋教目錄》，《大正藏》卷五五

（唐）道綽：《安樂集》，《大正藏》卷四七

（唐）慧立撰、彥悰增補：《大慈恩寺三藏法師傳》，《大正藏》卷五〇

（隋）慧遠：《觀無量壽經義疏》，《大正藏》卷三七

（唐）窺基：《大乘法苑義林章》，《大正藏》卷四五

——：《觀彌勒菩薩上生兜率天經贊》，《大正藏》卷三八

（北魏）曇鸞：《無量壽經優婆提舍願生偈注》，《大正藏》卷四〇

——：《讚阿彌陀佛偈》，《大正藏》卷四七

（唐）懷感：《釋淨土群疑論》，《大正藏》卷四七

（宋）贊寧：《宋高僧傳》，《大正藏》卷五〇

四、近代中、日文論著（以作者姓名筆劃爲次，同一作者論著以標題筆劃爲次）

山本佛骨：〈懷感の淨土教思想〉，《眞宗學》第五二號（一九七五年）

小野勝年：《中國隋唐長安・寺院史料集成：解說篇》（京都：法藏館，一九八九年）

千葉考史：〈懷感における善導の念佛思想の相承について〉，《印度學佛教學研究》第四三卷第二號（一九九五年）

方立天：〈略論我國的彌勒信仰〉，《佛學研究》第二期（一九九三年）

石田充之：〈曇鸞教學の背景とその基本的理念〉，收入龍谷大學眞宗學會（編）：《曇鸞教學の研究》（京都：永田文昌堂，一九七七年）

矢吹慶輝：《三階教之研究》（東京：岩波書店，一九二七年）

西本照眞：《三階教の研究》（東京：春秋社，一九九八年）

——：〈《釋淨土群疑論》における三階教批判の論理〉，《印度學佛教教研究》第三八卷第二號（一九九〇年）

——：〈《釋淨土群疑論》の阿彌陀身土觀〉，《佛教文化》通卷三〇號（一九九三年）

成田寬哉：〈懷感の傳記について——特に歿年を中心として〉，《佛教論叢》第一二號（一九六八年）

成瀨隆純：〈中國淨土教と自撲懺悔〉，《アィロソフィア》（早稻田大學）第七一號（一九八三年）

村上眞瑞：〈《釋淨土群疑論》における佛身佛土論〉，《淨土宗學研究》第一五、一六號（一九八六年）

——：〈《釋淨土群疑論》における法相との對論——特に淨土の問題について〉，《佛教文化研究》第三五號（一九八九年）

——：〈《釋淨土群疑論》における阿彌陀佛の佛身佛土〉，《印度學佛教學研究》第三四卷第一號（一九八五年）
——：〈《釋淨土群疑論》における思想的背景の考察〉，《佛教大學大學院研究紀要》第一二號（一九八四年）
——：〈《釋淨土群疑論》における淨土と三界〉，《淨土宗教學院研究所所報》第五號（一九八三年）
——：〈《釋淨土群疑論》における淨土の一考察〉，《法然學會論叢》第五號（一九八五年）
李玉珉：〈隋唐之彌勒信仰與圖像〉，《藝術學》第一期（一九八七年）
村地哲明：〈善導と懷感との師弟說についての疑問〉，《眞宗研究》第三四號（一九九〇年）
汪娟：〈唐代彌勒信仰與佛教諸宗派的關係〉，《中華佛學學報》第五期（一九九二年）
金子寬哉：〈《群疑論》の思想背景——中有の說を中心として〉，收入塩入良道先生追悼論文集刊行會編：《天台思想と東アジア文化の研究》（東京：山喜房佛書林，一九九一年）
——：〈《群疑論》引用經論文の檢討〉，《佛教論叢》第二一號（一九七七年）
——：〈懷感の念佛三昧說〉，《淨土宗學研究》第五號（一九七一年）
——：〈懷感禪師に於ける淨土の三界攝不攝論〉，《佛教論叢》第一三號（一九六九年）

———：〈《釋淨土群疑論》の引用經論文について〉，《印度學佛教學研究》第二四卷第一期（一九七五年）

周紹良：〈彌勒信仰在佛教初入中國階段和其造像意義〉，《世界宗教研究》一九九〇年第二期

柴田泰：〈彌陀法身說とその展開〉，《印度哲學佛教學》（北海道大學）第五號（一九九〇年）

島津現淳：〈懷感の淨土觀〉，《同朋大學論叢》第三九號（一九七八年）

望月信亨：《中國淨土教理史》（京都：法藏館，一九六四年第二版）

郭朋：《隋唐佛教》（濟南：齊魯書社，一九八〇年）

陳揚炯：《中國淨土宗通史》（南京：江蘇古籍出版社，二〇〇〇年）

楊曾文：〈三階教教義研究〉，《佛學研究》第三期（一九九四年）

塚本善隆：《塚本善隆著作集・第四卷・中國淨土教史研究》（東京：大東出版社，一九七六年）

道端良秀：〈善導と三階教〉，收入氏著：《中國淨土教史の研究》（京都：法藏館，一九八〇年）

———：〈道綽と三階教〉，收入氏著：《中國淨土教史の研究》

慈怡（主編）：《佛光大藏經》（高雄：佛光出版社，一九八八年）

廖明活：〈淨影寺慧遠的淨土思想〉，《中華佛學學報》第八期（一九九五年）

———：《淨影慧遠思想述要》（臺北：學生書局，一九九九年）

廖閱鵬：《淨土三系之研究》（高雄：佛光出版社，一九八九年）
劉長東：《晉唐彌陀淨土信仰研究》（成都：巴蜀書社，二〇〇〇年）
鎌田茂雄：《中國佛教史》第六卷（東京：東京大學出版會，一九九九年）
藤堂恭俊：〈淨土教に於ける中觀瑜伽の交涉〉，收入佛教大學（編）：《小西・高畠・前田三教授頌壽記念：東洋學論叢》（京都：平樂寺書店，一九五二年）
釋永明：《佛教的女性觀》（高雄：佛光出版社，一九九〇年）

索　引

一　劃

一生補處　29—30，33。
一念　113—17，119，123—24，163—64，167—69。
一闡提　94—95，165，200，204，227。

二　劃

十六觀　60，63，65—6，100，102—03，140，145—46，150，209—13，236。
十地　39，80—1，87，106，114（22），153—55，172—73，175，183。
十念　10，11，13，15，102，113—14，117—18，120，162—64，166—69，215，221—23。
十善　100，103，151—52，173（1），180，191。
十惡　11，85，112，117，154，158—62，164，197，229，233，237。
《十輪經》　116，161，229。
九品　11，67—8，71，74—5，100，102，105，114，116，152，167，172—78，237。
二乘　53—5，58，87，93，172—73。
二諦　94—6，238。
了義　92—4，160—61，166，230。
七賢位　166（20）（21），172—73，176—77。

三　劃

女人　35，49，53，55—8，187，189。
三界（參色界、欲界、無色界）36—8，40—6，47，62—3，69—71，80，158—59，185，234。
三途（參三惡道）　97，112，117—18，119，163，190，199。
三階　166，200—01，217，219。
三階教　158，161—63，166（22），179，200—31，238

—40。
三惡道（參三途）　9，42，48，61，88—9，164，173（1），187，199。
三福　60，63，66，100，102—03，105，146，191，213。
三輩（參下輩、上輩）　10，67—8，71—3，100，102，103，105，107（6），152，174，192。
《大智度論》　37，43，125。
《大集經・月藏分》　125，209—211，226—29。
《大經》（參《無量壽經》）　12，13，15，41，42，43—4，55，64，67—8，86，93，103，113，120，152，158，164—69，185—86，188（14），197，204（8），206—08，215—18，220—26，234，239。
大勢至　9，18，78，100，196。
大圓鏡智（參四智）　26—8，66，154—55，235。
《小經》（參《阿彌陀經》）　30，42，54—5，57，99，107（6），120，148，149。
下品下生　11，15，74—8，102，107（6），114—15，134，154，161—64，166—67，172—74，188，196—97，215，222。
下輩（參三輩）　10，100，103，158。
上輩（參三輩）　10，100，103，123，151—52。

四　劃

五十階位　80—1，87。
五念門　149，193。
五逆　10，11，15—6，88—9，117，128—29，154，158—62，164—69，197，215—28，226，233，237，239。
五趣　42，112，156—57，197。
不了義　92—4，160，166。
不退轉　50，86—91，97—8，122，143—44，177—78，181，185—87，195，198，235。
《仁王經》　7，154—55。
中有　68—9，235。
中觀思想　94—6，238。
化身土　21—2，28，33，104，148，233—34。
化身佛　17—22，28，35，65（10），109—10，137—38，187，189—90，233—34。

五　劃

他力　13－5，33，45(26)，153，234，238。
四十八願　10，43，64，148，188(13)，195，229－30。
四果　112，172－73，176。
四智(參大圓鏡智)　25－28。
四禪　52，62，211。
末法　5，12，201－03，205－10，212，223，239－40。
玄奘　23，182－84。
正業　12－13，143，156，233。
世親　53，143－44，187。
本願(參願力)　10，13，31，33，44，45，55，67，86，154－55，159，163－64，177－78，188，195，234，238。

六　劃

自力　13－15，195。
色界(參三界)　36－7，40－3，51－2，61，62，69－72，211，234。

七　劃

別法　201－07，221－25，239。
別時意趣　143－50，183－84，238－39。
戒律　14，100，103－04，128－29，151－52，154－55，159，177，180，191，200，219。
助業　13，156。

八　劃

空　49，88－9，92－6，103，110，120－21，137－38，142，151－52。
往生　10，11，13，16，31，47，52，53－4，58－9，60－3，64－8，69－73，74－9，80，91，92－3，97－8，99－104，105－06，112－18，119－24，139－40，143－50，151－57，158－64，167－71，172－78，180－84，186－99，203，208，210，214－17，220－31，233－39。
《往生論》　9，47，53－5，149，193(34)。
受用土　23，25－8，29－34，47，104，234。
受用身　23，25－8，34－5，56，187，234。
易行　12－3，209，214，233，236，238－40。
念佛(參念佛三昧、臨終念佛)　1，2，3，10－3，35，60，65－6，78－9，99－118，143－50，151－52，160－

69，202，208－09，212，215－17，220－25，228－29，236－39。
念佛三昧　3，106，107(6)，125－42，143，159，209－12，229，237。
法身佛　17－22，28，35，65，109－10，137－38。
法性土　23－5，28，29，104，234。
法性身　23－5，28，234。
法相宗　16，23，25，26(12)，28，31，38，60，66，68－9，94－5，116－17，138－39，182－83，233－35，237。
《法華經》　54，92－3，115－16，162，182，203，205，229。
來迎　16，60，64－8，71，74，161－62，181，192，230，235。
《金剛經》　24－5，115。
定善　100，102－03，105－06，151－52，174，236。
阿彌陀佛　3，9－10，11，12，14，15，17－22，28，29－35，36－8，43－5，49，55－7，60，64－8，71，75，79，99－100，103，105，107－11，113，119－20，134－35，137－38，142，144－46，148，149，153，155，159－62，164－65，168，177－78，183－99，202，221，225－26，229－31，233－40。
《阿彌陀經》（參《小經》）8，9，42，102。
阿羅漢　53，54，80，89，180，217。

九　劃

信　45，115，124，130，181，201，203，230－31。
信行　200－01，210，212，220－21，224－26，239。

十　劃

眞如　25，31，83－4。
娑婆世界　43，78，85－8，90－1，97－8，108－09，119，123，155，159，186－87，213，226－28，231，235。
涅槃　19－20，51，52，61，62，71，80，85－6，88－9，204。
《涅槃經》　58，82－3，95(9)，106，125，126，160－61，203－04。

十一劃

淨土　5，37，43—4，45(26)，54，61—3，65，70—2，78，85，92—8，102—04，118，152—57，158—59，163，167—69，183—85，200，210，217，220，223—24，226—28。
淨土宗　7，12，13，16，17，18，21，40，53，59，60，64，65(10)，92—3，96，97—8，99，108，111，119，145，151，172，174，201—02，206—07，209，213—16，226，229，233—34，236—40。
欲界(參三界)　36—7，40—3，51，62，69—73，183—84，188，211。
兜率天　180—82，184—99，238—39。
唯識　26(12)，31，38，46，66，95(8)，138—39，234，237。

十二劃

報身土　21—2，28，33—4，104，148，183—84，233—34，238。
報身佛　17—22，28，35，65(10)，109—110，137—38，189，233—34。
普法　201—05，210，220—26，239。
散善　100—03，105—06，151—52，236。
菩提心　10，64，67—8，78—9，88，97，100—01，110，127—28，154—55，158—59，163—64，165，175—76，178，230—31。
無色界(參三界)　36—7，44，61，69—70，211(27)。
無著　143—44，148，187。
《無量壽經》(參《大經》)　9，19，40，42，67，102，167，207，216，225，226。
極樂世界　3，9，16，17—22，28，29—35，36—46，47，51—9，60—3，64—7，69—73，74—9，80—91，93，97—8，99—104，105，113，116，119，122—23，139，143—50，151—52，155—57，158，160，162—64，170—71，172，177—78，185—98，208，211—12，214—15，220—21，231，233—39。
善導　1—3，6，12，15—16，19，28，33—4，36，45，91，100，105，111，131，143，146(6)，164，166，169—70，178，202(3)，214—15，233—34，

236—37。
智顗　18(3)，182。
《華嚴經》　106，107(6)，114(22)，127—29，136—37，139。

十三劃

業(參正業、助業)　60—3，80—1，136—37，140—41，156—57，160—62，174，187，214，234—35，237。
《瑜伽師地論》　53，154—55，160—61，182。
《鼓音經》　55—6，107(6)，125，137，192。
道綽　12，14，18，20—2，28，33—4，36—7，43，45—6，65(10)，105，111，184—86，198—99，202(3)，233。
《群疑論》　3，4，6，7—8，13，29，34，92，125，126，179，186，202，206—07，215，238。

十四劃

種子　65—6，71，116—17，235。
稱名　11，13，15，16，99，103—04，111—13，119，123，126，134—35，143—44，148，152，166—69，180—81，189，192—93，196，233，236—37。
《維摩經》　21—2，24—5，39，54，58，92—3，152—53，210，212，231。
《稱讚淨土經》　57，148，156—57，231。

十五劃

輪迴　15，21，36—8，42，62，68—9，71(23)，72—3，81，85，88，93，110，111(13)，117，156，159，185—87，190，234—35，237—38。
慧遠(東晉)　12，16，64。
慧遠(隋)　18(3)，172，175(7)，177(10)。
《賢護經》　106，107(6)，125，128—29，137—39，142，205，212。

十六劃

窺基　23，183—84。
曇鸞　12，13，33，37，64，96(14)。

十七劃

謗法　10，15—6，128—29，146，158，160—64，165，226—30，233，237，239。

彌勒　101，179－99，209（20），238－39。
《彌勒上生經》　180－81，189，191－99。
臨終念佛　16，114，116－18，134－35，149，168－69，233，236－37。
龍樹　94，95（10），96（11）。

十九劃

願力（參本願）　15－16，17，38，45，65－6，78－9，84，147，153－55，164－66，174，195，237。
《藥師經》　59，67。

二十劃

懺悔　130－32，158－62，164－66，180－81，191－92，237。

二十一劃

《攝大乘論》　143－148，238。
《攝大乘論釋》　143－144，149。

二十三劃

變化土　23，27－28，29－34，104，234。
變化身　23，27－28，34－35，56，234。

二十五劃

《觀佛三昧海經》　106，125，128－29，131，137，163，229。
觀音　9，18，67，78，100，115－16，181，196。
《觀音授記經》　18－20，57。
《觀經》　8，9，11，15－16，29－30，56，59，63，67－8，71，74－8，93，100，102，107（6），113－14，116，118，119，122，125，131，134－35，137，140，150，152－53，156－57，158，160－68，172，174，176－77，191－97，211－13，215－16，222－23，233，235－37。

懷感的淨土思想 ／ 廖明活著. -- 初版. -- 臺北市：臺灣商務, 2003[民 92]
面： 公分
參考書目：面
含索引
ISBN 957-05-1812-X（平裝）
1.（唐）釋懷感 － 傳記 2. 淨土宗
226.5 92013321

懷感的淨土思想

定價新臺幣 280 元
著作者 廖明活
責任編輯 葉幗英
校對者 董倩瑜
美術設計 吳郁婷
發行人 王學哲
出版者 印刷所 臺灣商務印書館股份有限公司
臺北市 10036 重慶南路 1 段 37 號
電話：(02)23116118 · 23115538
傳眞：(02)23710274 · 23701091
讀者服務專線：0800056196
E-mail：cptw@ms12.hinet.net
網址：www.commercialpress.com.tw
郵政劃撥：0000165 － 1 號
出版事業登記證：局版北市業字第 993 號
· 2003 年 9 月初版第一次印刷

ISBN 957-05-1812-X（平裝） 95234000

廣告回信
台灣北區郵政管理局登記證
第6540號

100臺北市重慶南路一段37號

臺灣商務印書館　收

對摺寄回，謝謝！

傳統現代　並翼而翔

Flying with the wings of tradition and modernity.

讀者回函卡

感謝您對本館的支持，為加強對您的服務，請填妥此卡，免付郵資寄回，可隨時收到本館最新出版訊息，及享受各種優惠。

姓名：________________　　性別：□男 □女

出生日期：____年____月____日

職業：□學生　□公務（含軍警）　□家管　□服務　□金融　□製造
　　　□資訊　□大眾傳播　□自由業　□農漁牧　□退休　□其他

學歷：□高中以下（含高中）　□大專　□研究所（含以上）

地址：□□□________________

____

電話：（H）____________（O）____________

E-mail: ________________

購買書名：________________

您從何處得知本書？

□書店　□報紙廣告　□報紙專欄　□雜誌廣告　□DM廣告
□傳單　□親友介紹　□電視廣播　□其他

您對本書的意見？（A/滿意　B/尚可　C/需改進）

內容____　編輯____　校對____　翻譯____
封面設計____　價格____　其他________

您的建議：________________

____

____

臺灣商務印書館

台北市重慶南路一段三十七號　電話：（02）23116118・23115538
讀者服務專線：0800056196　傳真：（02）23710274・23701091
郵撥：0000165-1號　E-mail：cptw@ms12.hinet.net
網址：www.commercialpress.com.tw